Vermessungskunde

von

Dr. Ing., Dr. E. h. Walter Großmann
Professor an der Technischen Universität Hannover

I

Stückvermessung und Nivellieren

14. erweiterte Auflage

mit 132 Figuren

Sammlung Göschen Band 4468

Walter de Gruyter
Berlin · New York 1972

Die Gesamtdarstellung umfaßt noch folgende Bände:

Band II: Horizontalaufnahmen und ebene Rechnungen (Sammlung Göschen Band 4469). Inhalt: Der Theodolit und das Messen von Horizontalwinkeln; Streckenmessung mit Streckenmeßgeräten; Polygonometrische Punktbestimmung; Punktbestimmung durch Triangulation, Trilateration und kombinierte Verfahren; Grundlagen der Landesvermessung.

Band III: Trigonometrische und barometrische Höhenmessung. Tachymetrie und Absteckungen (Sammlung Göschen Band 862). Inhalt: Trigonometrische Höhenmessung; Barometrische Höhenmessung; Tachymetrische Instrumente; Tachymetrische und topographische Aufnahmeverfahren, Absteckungsarbeiten.

 — Satz und Druck: Walter de Gruyter & Co., Berlin 30. — Printed in Germany.

ISBN 3 11 00 3811 0

Inhaltsverzeichnis

Stückvermessung

1 Grundlagen

Seite

2 Abstecken und Messen gerader Linien

Nivellieren

5 Bestandteile geodätischer Meßinstrumente

Seite

6 Instrumente und Geräte zum Nivellieren

1 Grundlagen

11 Einleitung

Die Vermessungskunde befaßt sich mit der Vermessung und Berechnung größerer oder kleinerer Teile der Erdoberfläche und ihrer Darstellung in Karten und Plänen. Man unterteilt die Vermessungskunde in die Erdmessung, die Landesvermessung und die Land- oder Feldmessung. Die beiden erstgenannten Gebiete, bei denen die Krümmung der Erdoberfläche und die Verteilung der Schwerebeschleunigung auf ihr berücksichtigt werden müssen, werden auch als Geodäsie bezeichnet, während die Land- und Feldmessung (englisch surveying) auch praktische Geometrie genannt wird. Ganz allgemein gliedern die vermessungstechnischen Arbeiten sich in Horizontal- oder Lagemessungen und Vertikal- oder Höhenmessungen. Dabei versteht man unter „Messung" einen einzelnen Messungsgang und unter „Vermessung" die Summe aller für die Erfassung eines Objekts notwendigen Messungen.

Die wichtigste Aufgabe der Vermessungstechnik ist die Herstellung von Landesvermessungs- und Kartenwerken. Dazu gehören in erster Linie die vorwiegend in den Maßstäben 1:500, 1:1000 und 1:2000 gezeichneten Katasterkarten, die insbesondere die Lage, die rechtmäßigen Grenzen und die Bebauung der Grundstücke nachweisen, und die in den Maßstäben von 1:5000 bis etwa 1:250000 stehenden topographischen Karten, die vor allem eine Geländedarstellung enthalten. Daneben gibt es Spezialkartenwerke für Siedlungsräume, Verkehrsanlagen, Wasserbauten und zahlreiche andere Zwecke; überhaupt bilden Vermessung und Karte die Grundlage allen Planens und Bauens.

Als Unterlage für Ingenieurbauten werden in Kulturländern bei der Vorplanung die Kartenwerke der Landesvermessung verwendet. Für die spezielle Bauplanung, für die Absteckung der Bauelemente, für die Baukontrolle und für die Schlußabnahme sind besondere Baumessungen notwendig. Diese werden generell nicht anders angelegt als die Vermessungen für die Landeskartenwerke. Die Krümmung der Erdoberfläche braucht aber bei ihnen nur selten berücksichtigt zu werden. Dafür wird im einzelnen oftmals eine sehr hohe Genauigkeit und außerordentliche Wendigkeit des Vermessungsingenieurs verlangt.

In Neuländern muß der Ingenieur in der Lage sein, die etwa vorhandenen Vermessungsunterlagen von den Lage- und Höhenfestpunkten an bis zu den Kartenwerken zu beurteilen und sie erforderlichenfalls selbst herzustellen.

12 Bezugsflächen

Um die zu vermessenden Gegenstände nach Lage und Höhe festlegen zu können, bedarf es einer Ausgangs- oder Bezugsfläche. Hierfür empfiehlt sich, da man die Vertikalachsen der Vermessungsinstrumente mit Hilfe von Wasserwaagen oder Libellen in die Richtung der Schwerkraft zu bringen pflegt, eine Niveaufläche, d. h. eine Fläche, die in jedem ihrer Punkte normal zu der jeweiligen Richtung der Schwerkraft verläuft. Eine Fläche dieser Art ist auf der Erde durch die Oberfläche des Weltmeeres gegeben, das man sich hierzu in einer von Gezeiten, Strömungen usw. freien mittleren Lage ruhend vorzustellen und mittels kommunizierender Röhren unter den Kontinenten fortgesetzt zu denken hat. Diese auf der ganzen Erde eindeutig definierbare Fläche wird in Anlehnung an das griechische Wort für Erde als *Geoid* bezeichnet und als die mathematische Figur der Erde betrachtet.

Die Meeresoberfläche stellt sich nach Maßgabe der Schwerkraft ein. Da diese aber infolge der Massenverteilung im Erdinnern gewisse Unregelmäßigkeiten aufweist, ist auch das Geoid keine regelmäßige Fläche. Es gleicht jedoch mit Abweichungen, die 80 m kaum überschreiten, einem Umdrehungsellipsoid, dessen Äquatorhalbmesser im Jahre 1967 durch internationale Vereinbarung zu 6378160 m festgelegt ist. Als Maß für die Abplattung — das ist die relative Verkürzung der Drehachse gegenüber der Äquatorachse — ist 1 : 298,25 angenommen worden*. Die Drehachse ist also nur rund $3^0/_{00}$ kürzer als die Äquatorachse.

Soll nun ein Ausschnitt aus der sichtbaren Erdoberfläche vermessen werden, so denke man sich alle Oberflächenpunkte

* Vgl. Moritz, H., Über das Geodätische Bezugssystem 1967. Zeitschr. f. Verm.wesen 1968. S. 81 und 1969 S. 429.

in der jeweiligen Lotrichtung auf das Geoid projiziert. Als Fläche gilt dann die Projektion des Ausschnitts auf das Geoid. Die horizontale Entfernung zweier Punkte ist die auf dem Geoid zu messende kürzeste Entfernung der Lotfußpunkte; die Höhe (= Meereshöhe) eines Punktes ist sein in der Lotlinie gemessener Abstand vom Geoid, und der Höhenunterschied zweier Punkte ist die Differenz ihrer Meereshöhen.

Angesichts der geringen Unterschiede von Geoid und Umdrehungsellipsoid kann man, sofern man sich auf Länder von mittlerer Größe beschränkt, für Lagemessungen ein Umdrehungsellipsoid als Bezugsfläche nehmen und hat dann den Vorteil, auf einer mathematisch beherrschbaren Fläche rechnen zu können. Für kleinere Länder wählt man eine sich der Erdkrümmung im Vermessungsgebiet möglichst eng anschmiegende Kugel, und wenn das Vermessungsgebiet 10 km im Quadrat nicht überschreitet, genügt die Ebene als Bezugsfläche.

Bei den Höhenmessungen sind diese Vereinfachungen nicht erlaubt. Einerseits ist nämlich die Krümmung der Erdoberfläche so bedeutend, daß eine Tangentialebene, die man in irgendeinem Punkt an die als Ellipsoid oder Kugel betrachtete Erde legt, in 35 km Entfernung vom Berührungspunkt bereits rund 100 m von der Erde absteht. Zum anderen machen die Unterschiede zwischen Ellipsoid und Geoid sich bei der Höhenmessung durchaus bemerkbar. Höhenmessungen werden daher stets auf das Geoid — oder wie man in der Praxis zu sagen pflegt — auf den mittleren Meereshorizont bezogen.

Die Vermessungskunde wird in diesem Bändchen nur insoweit behandelt, als die Bezugsfläche für Lagemessungen als Ebene angesehen werden kann. Von den Höhenmessungen wird lediglich das Verfahren des Nivellements besprochen, bei dem es dem Praktiker gar nicht zum Bewußtsein kommt, daß er auf einer gekrümmten Bezugsfläche arbeitet.

13 Maßsysteme

13.1 Grundlage der Längenmessung ist das Internationale Meter. Bis 1960 war es definiert als der Abstand der beiden mittleren Striche auf dem im Internationalen Büro für Maß und

Gewicht in Breteuil bei Paris aufbewahrten Stab aus Platin-Iridium bei 0° C und 760 mm Luftdruck. Diese Definition ist abgelöst durch den Beschluß der 11. Generalkonferenz für Maß und Gewicht vom 14. Oktober 1960. Danach ist das Meter das 1650763,73fache der Wellenlänge der von den Atomen des Nuklids ^{86}Kr, eines Isotops des Edelgases Krypton mit der Masse 86, beim Übergang vom Zustand $5d_5$ zum Zustand $2p_{10}$ ausgesandten Strahlung. Diese Strahlung läßt sich unter bestimmten Voraussetzungen mit der sogenannten *Engelhard-Lampe* realisieren, die sich dabei in einem Kältebad von 63° Kelvin befindet.

Das Meter entspricht nahezu dem vierzigmillionsten Teil eines Erdmeridians. Es wird unterteilt in Dezimeter (dm), Zentimeter (cm), Millimeter (mm) und für sehr feine Messungen in Mikrometer (μm) = 0,001 mm. 100 m sind ein Hektometer (hm), 1000 m ein Kilometer (km). Neben den Längen werden auch die Höhen im Internationalen Meter ausgedrückt.

Als Flächenmaße benutzt man im Vermessungswesen vorwiegend das Quadratmillimeter, das Quadratzentimeter, das Quadratdezimeter, das Quadratmeter und das Quadratkilometer, die in der Technik mit den gesetzlich vorgeschriebenen Kurzzeichen mm², cm², dm², m², km² bezeichnet werden. Die in Deutschland früher zugelassenen Symbole qmm, qcm, qdm, qm, qkm ebenso wie die im Grundstücksverkehr üblichen Bezeichnungen a (1 Ar = 100 m²) und ha (1 Hektar = 1 hm² = 10000 m²) haben den Nachteil, daß die Dimensionen sich in Formeln nicht sogleich am Exponenten erkennen lassen.

13.2 Grundlage der Winkelmessung ist der Vollkreis, der aus 4 Viertelkreisen oder Quadranten besteht. Der Vollkreis wird gem. DIN 1315 im System der Sexagesimalteilung in 360° (Grad) unterteilt, wobei 1° = 60′ (Minuten) = 3600″ (Sekunden) ist. Im System der Zentesimalteilung zerlegt man ihn in 400^g (Neugrad oder Gon), wobei $1^g = 100^c$ (Neuminuten) $= 10000^{cc}$ (Neusekunden) ist. Zur Umwandlung hat man

$$1° = 1{,}111\ldots^g \qquad 1^g = 0{,}9°$$
$$1' = 1{,}85185185\ldots^c \qquad 1^c = 0{,}54'$$
$$1'' = 3{,}08641975308\ldots^{cc} \qquad 1^{cc} = 0{,}324''$$

Die Bezeichnungen Neugrad (^{g}), Neuminuten (^{c}) und Neusekunden (^{cc}), die im Vermessungswesen seit langer Zeit fest eingebürgert sind, dürfen jedoch nur bis zu den Jahren 1974 bzw. 1977 benutzt werden*. Siehe hierzu die unter 13.4 im Auszug mitgeteilte gesetzliche Neuregelung der Jahre 1969 und 1970.

In der Vermessungstechnik gewinnt die Zentesimalteilung zusehends Boden, weil sie sowohl für die Messung als auch besonders für die Rechnung viel bequemer ist als die Sexagesimalteilung. Diese wird sich jedoch niemals ganz verdrängen lassen; denn sie erlaubt in der Astronomie einen bequemen Übergang vom Winkelmaß zum Zeitmaß, und sie ist in der Geographie durch das Netz der Breiten- und Längengrade auf der Erde fest eingebürgert. Für den Übergang von einer zur anderen Teilung gibt es zahlreiche Tafelwerke.

In der Bautechnik werden die Höhenunterschiede meistens in Prozenten des Längenunterschiedes oder durch das Steigungsmaß $1:n$, seltener durch den Neigungswinkel α ausgedrückt. In runden Werten bestehen folgende Zusammenhänge:

%	1	2	3	5	10	25	50	100
α^{gon}	0,6	1,3	1,9	3,2	6,3	16,1	29,5	50
$1:n$	1:100	1:50	1:33⅓	1:20	1:10	1:4	1:2	1:1

13.3 Das Bogenmaß eines Winkels ist das Verhältnis der Länge des Bogens, den seine Schenkel aus einem um den Scheitelpunkt geschlagenen Kreis herausschneiden, zum Halbmesser des Kreises. Das Bogenmaß des vollen Winkels ist 2π. Die Einheit des Bogenmaßes ist der Winkel, für den das Verhältnis vom Bogen zum Halbmesser gleich 1 ist. Dieser Winkel wird als *Radiant* bezeichnet; er hat, wenn R ein rechter Winkel ist, den Wert $2\,R/\pi$. Für $2\,R/\pi$ wird in der Geodäsie als Symbol ϱ benutzt. Um eine wichtige Beziehung abzuleiten, bilde man, wenn r der Halbmesser eines Kreises, b ein Bogen und α ein Winkel im Gradmaß ist, die Proportion

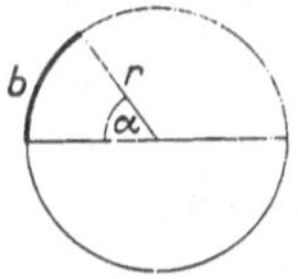

Bild 13.1

$$b:2r\pi = \alpha:4R$$

oder

$$b:r = \alpha:\varrho\,, \tag{1}$$

* Von der Erlaubnis für ^{c} und ^{cc} wird in dieser Auflage Gebrauch gemacht.

ϱ hat je nach der benutzten Einheit die Zahlenwerte:

$$\varrho^\circ = \frac{180}{\pi} = 57{,}295779\ldots \qquad \varrho^{gon} = 63{,}661977\ldots$$

$$\varrho' = \frac{180 \cdot 60}{\pi} = 3437{,}7467\ldots \qquad \varrho^{c} = 6366{,}1977\ldots$$

$$\varrho'' = \frac{180 \cdot 60 \cdot 60}{\pi} = 206264{,}8\ \ldots \qquad \varrho^{cc} = 636619{,}77\ldots.$$

Beispiel: Eine 150 m lange Achse soll um 10^c verschwenkt werden. Um welchen linearen Betrag wird dadurch das freie Ende der Achse seitwärts verlegt? Gleichung (1) mit der Konstanten für ϱ^c gibt

$$b = \frac{150 \cdot 10}{6366{,}20} = 0{,}235 \text{ m}.$$

13.4 Die neuen gesetzlichen Einheiten im Vermessungswesen*. Diese Einheiten sind bundeseinheitlich geregelt durch das Gesetz über Einheiten im Meßwesen vom 2. 7. 1969, das Eichgesetz vom 11. 7. 1969 und die Verordnung der Bundesregierung vom 26. 6. 1970. Durch diese gesetzlichen Regelungen ist auf die Bundesrepublik Deutschland das internationale Einheitensystem (Système International = SI) übernommen, wie es im Jahre 1954 von der 10. Generalkonferenz für Maß und Gewicht festgelegt worden ist. Im nachstehenden Auszug sind alle Regelungen zusammengestellt, die das Vermessungswesen an irgendeiner Stelle bewähren.

Das SI kennt 6 Basiseinheiten, nämlich

für die Länge	das Meter (m)
für die Masse	das Kilogramm (kg)
für die Zeit	die Sekunde (s)
für die elektrische Stromstärke	das Ampere (A)
für die thermodynamische Temperatur	das Kelvin (K)
für die Lichtstärke	die Candela (cd).

Aus den 6 Basiseinheiten können durch Multiplikation mit 1 oder mit einem von 1 verschiedenen Faktor neue Einheiten abgeleitet werden. Durch Multiplikation mit dem Faktor 1 entstehen die kohärenten Einheiten des SI z. B.

für die Fläche	$1\ m^2$
für die Geschwindigkeit	$1\ m\ s^{-1}$
für die Beschleunigung	$1\ m\ s^{-2}$
für die Kraft	$1\ m\ kg\ s^{-2}$ genannt 1 Newton (N)
für den Druck	$1\ m^{-1}\ kg\ s^{-2} = 1 N/m^2$.

* Vgl. Simmerding, F. Zur gesetzlichen Neuordnung des Eich- und Meßwesens mit einer geschichtlichen Betrachtung über die Definition der Längeneinheit. Zeitschr. f. Verm.wesen 1970, S. 141 und 361.

Nichtkohärente Einheiten können mit einer ganzzahligen Potenz von 10 oder mit einer anderen Zahl zusammengesetzt werden z. B.

Fläche 10^2 m^2	= 1 a
Beschleunigung 10^{-2} m s^{-2}	= 1 Gal
Kraft 10^{-5} m kg s^{-2}	= 10^{-5} N = 1 dyn
Druck 10^5 m^{-1} kg s^{-2}	= 10^5 N/m^2 = 1 bar

und

Kraft 9,806 65 m kg s^{-2}	= 9,806 65 N = 1 kp
Druck 101 325 m^{-1} kg s^{-2}	= 101 325 N/m^2 = 1 atm.

Im Maßeinheitengesetz ist ferner festgelegt, daß die dezimalen Vielfachen und Teile durch Vorsätze und Kurzzeichen folgendermaßen zum Ausdruck zu bringen sind:

	Vorsatz	Kurzzeichen		Vorsatz	Kurzzeichen
10^1	Deka	da	10^{-1}	Dezi	d
10^2	Hekto	h	10^{-2}	Zenti	c
10^3	Kilo	k	10^{-3}	Milli	m
10^6	Mega	M	10^{-6}	Mikro	μ
10^9	Giga	G	10^{-9}	Nano	n

Endlich hat die Bundesregierung durch Verordnung vom 26. 6. 1970 die folgenden auch für das Vermessungswesen wichtigen Regelungen getroffen:

1. *Winkelmaß* (§ 5 der Verordnung)

Neben der abgeleiteten SI-Einheit Radiant (Einheitszeichen: rad) bleiben die weiteren abgeleiteten Einheiten Grad (°) mit sexagesimaler Unterteilung (′, ″) und rechter Winkel (∟) erhalten. Für die zentesimale Unterteilung des Quadranten aber tritt an die Stelle des „Neugrad" das „Gon" (Einheitenzeichen: gon). Dieses Zeichen ist in der zuständigen EWG-Kommission abgesprochen worden. Die dezimalen Vielfachen und Teile des Gon lassen sich mit den amtlichen Vorsätzen und Kurzzeichen kombinieren, z. B. 0,01 gon = 1 cgon, 0,001 gon = 1 mgon. Für 0,0001 gon ist kein Kurzzeichen festgesetzt.

Die Bezeichnung Neugrad (g) darf nach dem Jahre 1974, die Einheiten Neuminute (^{c}) und Neusekunde (^{cc}) dürfen nach 1977 nicht mehr verwendet werden (§ 51 Abs. 2 Nr. 2, § 53 Nr. 1).

2. *Fläche und Volumen*

Die Flächenmaße Ar (a) und Hektar (= Hektoar: ha) werden als abgeleitete Maßeinheiten für Grundstücksflächen beibehalten (§ 48). Die amtliche Begründung hierzu bezieht sich ausdrücklich auf den Ausweis der Grundstücksflächen in den Grundbüchern.

Die Abkürzungen qm für m^2, qkm für km^2 usw. sowie cbm für m^3, cdm für dm^3 usw. dürfen nur noch bis zum Ablauf des Jahres 1974 verwendet werden (§ 54). Für Datenverarbeitungsanlagen mit einem beschränkten Zeichenvorrat ist eine Sonderregelung in Aussicht gestellt.

Das Liter ist als besondere Bezeichnung für Kubikdezimeter definiert (§ 4 Abs. 3). Die frühere Verbindung des Liters mit der Einheit der Masse (1 l = Volumen von 1 kg reinem Wasser bei der größten Dichte unter dem Druck 1 at) ist aufgegeben worden.

3. *Druck* (§ 20)

Die Einheit des Druckes oder der mechanischen Spannung ist das Pascal (Pa). „1 Pascal ist gleich dem auf eine Fläche gleichmäßig wirkenden Druck, bei dem senkrecht auf die Fläche 1 m² die Kraft 1 N ausgeübt wird". 10^5 Pa sind gleich 1 Bar (bar).

Die Einheiten technische Atmosphäre (at), physikalische Atmosphäre (atm), Torr, Meter-Wassersäule (mWS), Millimeter-Quecksilbersäule (mmHg) sind noch bis zum Jahre 1977 einschließlich zugelassen.

14 Fehlerrechnung und Bilden von Mittelwerten

14.1 Die Aufgabe der Fehlerrechnung. Die geodätischen Messungen müssen im Hinblick auf ihren jeweiligen Zweck mit einer bestimmten Genauigkeit ausgeführt und gegen Irrtümer gesichert sein. Völlig fehlerfreie Messungen sind infolge der Mängel der Meßgeräte und der Unvollkommenheit der menschlichen Sinne nicht möglich. Die Messungen werden daher in der Regel mehrere Male wiederholt und möglichst noch durch zusätzliche Messungen gestützt, indem man z. B. außer den Katheten noch die Hypotenuse mißt, oder neben zwei Dreieckswinkeln, die man braucht, auch den dritten beobachtet.

Bei der Auswertung der Messungen entsteht die Aufgabe,

1. aus den Beobachtungen den günstigsten Mittelwert der gesuchten Größe abzuleiten,
2. eine Maßzahl für die Genauigkeit einer einzelnen Messung oder ihre „Streuung" anzugeben,
3. die Genauigkeit oder die Streuung des Mittelwertes und seinen „Vertrauensbereich" abzuschätzen.

14.2 Fehlerarten. Die Messungsfehler unterteilt man nach Art ihrer Entstehung in grobe, systematische und zufällige Fehler.

Grobe Fehler sind grob fehlerhafte Ablesungen an den Meßinstrumenten, Zielverwechslungen und dergleichen. Sie werden durch Kontrollmessungen entdeckt und ausgeschieden.

Systematische Fehler verfälschen das Meßergebnis stets in demselben Sinne. Sie werden hervorgerufen durch unzureichende Eichung und einseitige Handhabung der Meßinstrumente sowie durch einsinnig wirkende Einflüsse von Temperatur, Luftdruck usw. auf das Meßinstrument oder den zu messenden Gegenstand. Diese Fehler lassen sich in allen Regelfällen durch Eichung der Meßinstrumente, Wahl geeigneter Meßverfahren und rechnerisches Berücksichtigen der einsinnigen Einflüsse zum größten Teil eliminieren.

Als *zufälligen Fehler* einer Messung betrachtet man die Summe der nach dem Ausscheiden der groben und der systematischen Fehler übrigbleibenden unbekannten „Elementarfehler", die auf die begrenzte Schärfe der menschlichen Sinne, Unvollkommenheiten der Meßinstrumente, unkontrollierbare Veränderungen der äußeren Umstände und gelegentlich auch des Gegenstandes der Messung zurückzuführen sind. Die zufälligen Fehler werden ebenso oft positives wie negatives Vorzeichen annehmen und sind im Sinne der mathematischen Statistik *stochastisch unabhängige Veränderliche.* Trotz ihrer scheinbaren Regellosigkeit unterliegen sie indessen den Gesetzen des Zufalls.

Bild 14.1 läßt die Verteilung der wahren Fehler ε_i [14.32] erkennen, die bei 160 Beobachtungen desselben Winkels gemacht wurden. Die ε_i sind dazu ihrer Größe nach in die auf der Abszissenachse angedeuteten Gruppen von je 1^{cc} Breite eingeordnet, und über den Abszissenab-

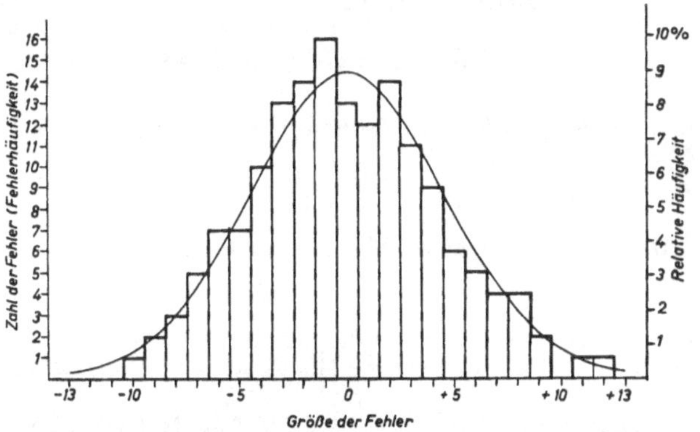

Bild 14.1

schnitten sind Rechtecke eingezeichnet, deren Höhe der Anzahl der in die betreffende Gruppe fallenden Fehler proportional ist. Wie die so entstandene Treppenkurve (= Histogramm) zeigt, ist die Häufigkeit, mit der ein Fehler ε auftritt, eine Funktion seiner Größe. Diese Erscheinung ist von C. F. Gauß in das nach ihm benannte Fehlergesetz

$$\varphi(\varepsilon) = \frac{h}{\sqrt{\pi}} e^{-h^2\varepsilon^2} \tag{1}$$

gebracht worden, in dem $\varphi(\varepsilon)$ die relative — d. h. prozentuale — Häufigkeit des Auftretens, e die Basis der natürlichen Logarithmen und h eine Konstante ist, die die Messungsgenauigkeit charakterisiert. Die danach zu erwartende theoretische Fehlerverteilungskurve ist in Bild 14.1 als durchlaufende Kurve eingezeichnet; sie stimmt mit der aus den Messungen gewonnenen Treppenkurve gut überein. Das gilt für alle größeren Messungsreihen, die überwiegend zufällige Fehler aufweisen. Solche Messungsreihen besitzen in der Sprache der Statistik eine *Normalverteilung*. Die überwiegend durch zufällige Fehler verursachten Messungswidersprüche aber lassen sich nach der auf C. F. Gauß zurückgehenden *Methode der kleinsten Quadrate* willkürfrei ausgleichen.

14.3 Mittelwerte und Streuungsmaße

14.31 *Mittelwerte.* Die Einzelergebnisse l_i, die sich ergeben würden, wenn man eine Größe beliebig oft ($n \to \infty$) durch gleichgenaue, unabhängige und nur mit zufälligen Fehlern behaftete Messungen bestimmte, werden um einen gewissen Mittelwert ξ schwanken, den man den *Erwartungswert* oder auch den *wahren Wert* der Größe nennt. Da jedoch in allen Regelfällen nur eine begrenzte Anzahl von Messungen (eine Stichprobe vom Umfang n) vorliegt, benutzt man als Näherungswert für den wahren Wert das *arithmetische Mittel*

$$x = \frac{1}{n}(l_1 + l_2 + \ldots l_n) = \frac{1}{n}[l]^*. \tag{2}$$

Für die nach dem Bilden des arithmetischen Mittels *übrigbleibenden Fehler* oder *Verbesserungen*

$$v_1 = x - l_1;\; v_2 = x - l_2;\; v_n = x - l_n$$

gilt, daß deren Quadratsumme $[vv]$ ein Minimum wird, also

$$[vv] = v_1^2 + v_2^2 + \ldots + v_n^2 = \text{Min.} \tag{3}$$

Das ist gleichzeitig die Grundforderung der Methode der kleinsten Quadrate, aus der das arithmetische Mittel sich als Sonderfall herleiten läßt.

14.32 *Streuungsmaße.* Um gemäß 14.1 Ziff. 2 ein Maß für die Streuung einer einzelnen Messung l_i zu bekommen, betrachtet man — zunächst für $n \to \infty$ — die Abweichungen der Beobachtungen l_i von dem wahren Wert ξ, die sogenannten *wahren Fehler*

$$\varepsilon_1 = \xi - l_1; \quad \varepsilon_2 = \xi - l_2; \quad \varepsilon_n = \xi - l_n$$

und definiert als Genauigkeitsmaß für eine einzelne Messung l_i den „*theoretischen Wert des mittleren Fehlers*"

$$\mu = \pm\sqrt{\frac{[\varepsilon\varepsilon]}{n}}; \quad n \to \infty. \tag{4}$$

* In der Fehlerrechnung verwendet man nach dem Vorbild von C. F. Gauß gern eckige Klammern als Summenzeichen.

Die ε_i sind jedoch in allen Regelfällen nicht bekannt; man muß daher auf die übrigbleibenden Fehler v_i zurückgehen und erhält daraus aufgrund einer statistischen Abschätzung anstelle von μ den Näherungs- oder Schätzwert

$$m = \pm \sqrt{\frac{[vv]}{n-1}}, \tag{5}$$

der als *mittlerer Fehler einer einzelnen Beobachtung* oder als ihre „*Standardabweichung*" bezeichnet wird.

Das arithmetische Mittel aus n Beobachtungen hat, wie in 14.41 begründet werden wird, den mittleren Fehler oder die Standardabweichung

$$m_x = \pm \frac{m}{\sqrt{n}}. \tag{6}$$

Damit sind die in 14.1 gestellten Aufgaben für den Fall gleich genauer Beobachtungen gelöst.

14.4 Das Fehlerfortpflanzungsgesetz. Neben dem mittl. Fehler einer einzelnen Messung wird oftmals auch der mittl. Fehler oder die Standardabweichung einer Funktion gemessener Größen benötigt. Das leistet das *Fehlerfortpflanzungsgesetz.*

14.41 *Lineare Funktionen*: Gegeben seien die Messungen l_1 und l_2 sowie deren mittl. Fehler $\pm m_1$ und $\pm m_2$. Gesucht werde der mittl. Fehler m_x der Funktion

$$x = l_1 + l_2. \tag{7}$$

Zur Berechnung von m_x geht man zurück auf die Definitionsgleichung (4) und unterstellt, die l_i in (7) seien die Mittel aus ν Urmessungen mit den wahren Fehlern $\varepsilon_1', \varepsilon_1'' \varepsilon_2'' \ldots \varepsilon_1^{(\nu)}$ bzw. $\varepsilon_2', \varepsilon_2'' \ldots \varepsilon_2^{(\nu)}$. Dann bestehen ν Gleichungen von der Form $\varepsilon_x = \varepsilon_1 + \varepsilon_2$, aus denen durch Quadrieren, Aufaddieren und Division durch ν folgt

$$\frac{[\varepsilon_x \varepsilon_x]}{\nu} = \frac{[\varepsilon_1 \varepsilon_1]}{\nu} + \frac{[\varepsilon_2 \varepsilon_2]}{\nu} + \frac{2[\varepsilon_1 \varepsilon_2]}{\nu}.$$

Die 3 ersten Ausdrücke ergeben nach (4) die Werte μ_x^2, μ_1^2 und μ_2^2. Im letzten Ausdruck werden die gemischten Produkte, da nur zufällige Fehler, d. h. stochastisch unabhängige Variable vorausgesetzt sind, im Durchschnitt gleich oft positiv und negativ sein und sich daher beim Aufaddieren so weitgehend tilgen, daß der Ausdruck, zumal nach Division durch ν, gegen Null geht. Also bleibt

$$\mu_x^2 = \mu_1^2 + \mu_2^2.$$

Ersetzt man dann noch, wie beim Übergang von (4) auf (5), die μ durch die entsprechenden Schätzwerte m, so erhält man zur Berechnung eines

Schätzwertes für den mittl. Fehler der in (7) erhaltenen Summe x die Regel

$$m_x^2 = m_1^2 + m_2^2 \,. \tag{8}$$

Anwenden desselben Gedankenganges auf die Funktion

$$\left.\begin{aligned} x &= \alpha_1 l_1 + \alpha_2 l_2 + \ldots + \alpha_n l_n \\ \text{gibt} \qquad m_x^2 &= \alpha_1^2 m_1^2 + \alpha_2^2 m_2^2 + \ldots + \alpha_n^2 m_n^2 \,. \end{aligned}\right\} \tag{9}$$

Man beachte folgende Sonderfälle:

a) Ist $m_1 = m_2 = \ldots m_n = m$, so wird

$$m_x^2 = [\alpha\alpha]\, m^2 \,. \tag{10}$$

b) Sind ferner alle α_i entweder $+1$ oder -1, so ist

$$m_x^2 = n\, m^2 \quad \text{oder} \quad m_x = m\sqrt{n} \,. \tag{11}$$

Dieser Fall tritt insbesondere beim Nivellement und bei der Streckenmessung mit Latten und Bändern auf. In Worten lautet die Regel:

Werden mehrere gleich genaue Einzelmessungen zu einer Summe oder Differenz vereinigt, so wächst der mittl. Fehler des Ergebnisses mit der Quadratwurzel aus der Anzahl der Einzelmessungen.

c) Bringt man die Gleichung (2) in die Form

$$x = \frac{l_1}{n} + \frac{l_2}{n} + \ldots \frac{l_n}{n} \,,$$

wobei alle $m_i = m$ sind, so folgt daraus nach (9) für m_x^2 der bereits in (6) angegebene Wert

$$m_x^2 = \frac{m^2}{n^2} + \frac{m^2}{n^2} + \ldots \frac{m^2}{n^2} \quad \text{oder} \quad m_x = \pm \frac{m}{\sqrt{n}} \,. \tag{6)*}$$

In Worten: Wird ein und derselbe Gegenstand n mal mit gleicher Genauigkeit gemessen, so geht der mittl. Fehler des arithmetischen Mittels mit der Quadratwurzel aus der Anzahl der Wiederholungen zurück.

Der Leser möge die Fälle b) und c) wohl auseinanderhalten. Vgl. in 14.43 die Beispiele 1 und 2.

14.42 *Nichtlineare Funktionen* macht man gewöhnlich mit Hilfe der Taylorschen Reihe linear und wendet auf das Ergebnis die Gleichung (9) an. Das Fehlerfortpflanzungsgesetz lautet dann in seiner allgemeinsten Form:

$$\left.\begin{aligned} &\text{Für } x = f(l_1, l_2 \ldots l_n) \\ &\text{ist} \quad m_x^2 = \left(\frac{\partial f}{\partial l_1}\right)^2 m_1^2 + \left(\frac{\partial f}{\partial l_2}\right)^2 m_2^2 + \ldots + \left(\frac{\partial f}{\partial l_n}\right)^2 m_n^2 \,. \end{aligned}\right\} \tag{12}$$

14.43 *Zahlenbeispiele*

1. Bei einer Längenmessung mit 5-m-Latten ist der von dem ungenauen Aneinanderlegen der Latten herrührende mittl. Fehler einer einzelnen Lattenlage gleich $\pm$ 2 mm. Wie groß ist der mittl. Fehler einer Strecke von 100 m?

Aus (11) folgt: $m_{100} = \pm 2\sqrt{20}\,\text{mm} = \pm 9\,\text{mm}$.

2. Eine Strecke von 160 m wurde viermal unabhängig gemessen. Eine einzelne Messung hat den mittl. Fehler $\pm$ 12 mm. Wie groß ist der mittl. Fehler des arithmetischen Mittels aus den 4 Messungen?

$$\text{Aus (6) folgt: } m_x = \pm \frac{12}{\sqrt{4}}\,\text{mm} = \pm 6\,\text{mm}.$$

3. Gegeben ist $a = 87{,}46$. Wie groß ist der mittl. Fehler von $x = lg$ a, wenn $m_a = \pm 0{,}04$ ist?

Aus (12) folgt:

$$m_x = \frac{dlg\, a}{da} m_a = \frac{\text{Mod}}{a} m_a = \frac{0{,}4343}{87{,}46} \cdot 0{,}04 = \pm 0{,}00020.$$

4. Die Seiten eines Rechtecks und ihre mittl. Fehler sind $a = 39{,}12$ m, $b = 71{,}38$ m, $m_a = \pm 0{,}02$ m und $m_b = \pm 0{,}04$ m. Gesucht sind die Fläche des Rechtecks und ihr mittl. Fehler.

Aus $F = ab$ folgt gem. (12) $m_F^2 = (b\, m_a)^2 + (a\, m_b)^2$ und mit den gegebenen Zahlen $F = 2792\,\text{m}^2$ mit $m_F = \pm 2{,}1\,\text{m}^2$.

5. Im Dreieck ABC sind gemessen $b = 221{,}41$ m, $c = 166{,}14$ m und $\alpha = 54{,}2110^g$, wobei $m_b = \pm 0{,}06$ m, $m_c = \pm 0{,}05$ m und $m_\alpha = \pm 40^{cc}$ ist. Gesucht sind die Seite a und ihr mittl. Fehler.

Aus $a = \sqrt{b^2 + c^2 - 2bc\cos\alpha}$ folgt gem. (12)

$$m_a^2 = \left(\frac{b - c\cos\alpha}{a} m_b\right)^2 + \left(\frac{c - b\cos\alpha}{a} m_c\right)^2 + \left(\frac{b\,c\sin\alpha}{a} \cdot \frac{m_\alpha}{\varrho}\right)^2$$

und mit den gegebenen Zahlen $a = 167{,}80$ m mit $m_a = \pm 0{,}04$ m.

14.5 Ausgleichung direkter Beobachtungen von gleicher Genauigkeit. Ist eine Größe mehrfach gemessen worden, so müssen die Messungen zur Lösung der Aufgaben in 14.1 nach (2), (5) und (6) ausgeglichen werden. Um mit kleinen Zahlen rechnen zu können, führt man für die Unbekannte einen Näherungswert x_0 ein und setzt $x = x_0 + \delta x$. Bezeichnet man dann die Messungsgrößen anstatt mit l_i künftig mit L_i, so hat man die Ausgangsgleichung

$$L_i + v_i = x_0 + \delta x. \qquad (13)$$

Darin bringt man L_i nach rechts und erhält die *Fehlergleichung*

$$v_i = \delta x - (L_i - x_0) = \delta x - l_i\,, \tag{14}$$

in der l_i eine neue Bedeutung erhalten hat.
Damit ergibt sich folgendes Rechenschema: Bilde

1. die Absolutglieder $\quad -l_i = -(L_i - x_0)$
2. den Mittelwert $\quad \delta x = \frac{1}{n}[l]$
3. die übrigbleibenden Fehler $\quad v_i = \delta x - l_i$
4. die $[v]$-Probe $\quad [v] = 0$
5. die $[vv]$-Proben $\quad [vv] = [ll] - [l]\,\delta x = [ll] - \frac{[l]^2}{n}$
6. den mittl. Fehler einer Messung $\quad m = \pm\sqrt{\frac{[vv]}{n-1}}$
7. den mittl. Fehler des Mittelwertes $\quad m_x = \pm\frac{m}{\sqrt{n}}$

und setze als Schlußprobe die gewonnenen Ergebnisse in die Gleichungen (13) ein, die erfüllt sein müssen.

Zahlenbeispiel. Zur Bestimmung eines Winkels seien die in Spalte 1 des nachstehenden Schemas eingetragenen Beobachtungen gemacht. Als Näherungswert werde $x_0 = 52{,}350^{gon}$ eingeführt.

L_i	$l_i = Li - x_0$	$v_i = \delta x - l_i$ +	−	vv	ll
1	2	3		4	5
gon	c	c	c	c²	c²
52,356	+0,6		0,53	0,28	0,36
52,348	—0,2	0,27		0,07	0,04
52,346	—0,4	0,47		0,22	0,16
52,347	—0,3	0,37		0,14	0,09
52,352	+0,2		0,13	0,01	0,04
52,355	+0,5		0,43	0,18	0,25
	+0,4	1,11	1,09	0,90	0,94

$$\delta x = \frac{+0{,}4^c}{6} = 0{,}07^c; \quad [v] = 0{,}02; \quad \text{soll} = \text{Null}.$$

$$[vv] = 0{,}94 - 0{,}4 \cdot \delta x = 0{,}94 - \frac{0{,}4^2}{6} = 0{,}91;\ \text{soll} = 0{,}90\,.$$

Ausgleichsergebnisse: $x = x_0 + \delta x = 52{,}351^{gon}$;

$$m = \pm \sqrt{\frac{0{,}90}{6-1}} = \pm\, 0{,}004^{gon}; \quad m_x = \frac{0{,}004}{\sqrt{6}} = \pm\, 0{,}0013^{gon}.$$

14.6 Ausgleichung direkter Beobachtungen von verschiedener Genauigkeit.

14.61 *Einführen von Gewichten.* Ist eine Messungsgröße mehrere Male mit verschiedener Genauigkeit beobachtet worden, müssen beim Bilden des Mittelwertes die Genauigkeitsverhältnisse oder — in der Sprache der Ausgleichungsrechnung — die *Gewichte* der einzelnen Messungen berücksichtigt werden. Eine Messung habe das Gewicht p, wenn sie den gleichen mittl. Fehler hat wie das arithmetische Mittel aus p tatsächlichen oder fingierten Standardmessungen mit dem Gewicht 1. Mithin gilt im Hinblick auf (6) für die Messungen $L_1, L_2 \ldots L_n$ mit den Gewichten $p_1, p_2 \ldots p_n$ der Ansatz

$$p_1 : p_2 \ldots : p_n = \frac{m^2}{m_1^2} : \frac{m^2}{m_2^2} \ldots : \frac{m^2}{m_n^2}. \tag{15}$$

Die Gewichte sind also den Quadraten der mittl. Fehler umgekehrt proportional. Der mittl. Fehler einer Messung vom Gewicht 1 wird *Gewichtseinheitsfehler* genannt und gewöhnlich mit m_0 bezeichnet. Zur Berechnung des Gewichts p_i einer Beobachtung L_i mit dem mittl. Fehler $\pm\, m_i$ hat man dann die Gleichung

$$p_i = \frac{m_0^2}{m_i^2}. \tag{16}$$

Die Gewichtseinheit wählt man so, daß die Gewichte möglichst wenig von 1 abweichen. Gebräuchliche Gewichtseinheiten sind die Gewichte einer Streckenmessung von 100 m, eines Nivellements von 1 km und das Gewicht eines in beiden Fernrohrlagen einmal beobachteten Winkels.

Aus dem Fehlerfortpflanzungsgesetz (9) folgt mit den aus (16) abzuleitenden Werten der m_i^2 das *Gewichtsfortpflanzungsgesetz*

$$\frac{1}{p_x} = \frac{\alpha_1^2}{p_1} + \frac{\alpha_2^2}{p_2} + \ldots \frac{\alpha_n^2}{p_n}. \tag{17}$$

Multipliziert man eine Beobachtung L_i mit der Wurzel aus ihrem Gewicht, so erhält nach (17) der Ausdruck

$$L_i \sqrt{p_i} \quad \text{das Gewicht 1}. \tag{18}$$

Dieser Ausdruck wird als *normierte oder standardisierte Variable* bezeichnet.

Zahlenbeispiel: In einem Dreieck wurde Winkel α mit dem m. F. $\pm 6^{cc}$ und Winkel β mit $\pm 4^{cc}$ beobachtet. Gefragt ist a) wie groß ist p_β, wenn $p_\alpha = 1$ gesetzt wird; b) wie groß ist p_γ für $\gamma = 200^g - \alpha - \beta$?

Zu a) $$p_\alpha : p_\beta = \frac{1}{6^2} : \frac{1}{4^2} = \frac{36}{36} : \frac{36}{16}; \quad p_\beta = 2{,}2 .$$

Zu b) $$\frac{1}{p_\gamma} = \frac{1}{p_\alpha} + \frac{1}{p_\beta} = \frac{1}{1} + \frac{1}{2{,}2} = 1{,}45; \quad p_\gamma = 0{,}7 .$$

14.62 *Das gewogene Mittel.* Um einen Mittelwert aus Messungen verschiedenen Gewichts zu erhalten, ersetzt man wegen (18) die Minimumsbedingung (3) durch die allgemeinere Forderung

$$[vvp] = \text{Minimum} . \tag{19}$$

An die Stelle des einfachen Mittels (2) tritt dann, wenn man wie in (13) einen Näherungswert x_0 abspaltet, als Mittelwert aus n Messungen L_i mit verschiedenen Gewichten das *gewogene Mittel*

$$x = \frac{L_1 p_1 + L_2 p_2 + \ldots L_n p_n}{p_1 + p_2 + \ldots p_n} = x_0 + \frac{[lp]}{[p]} = x_0 + \delta x . \tag{20}$$

Die mittl. Fehler einer Beobachtung vom Gewicht 1 bzw. vom Gewicht p_i sind gemäß (5) und (18)

$$m_0 = \pm \sqrt{\frac{[vvp]}{n-1}} \quad \text{bzw.} \quad m_i = \pm \frac{m_0}{\sqrt{p_i}} . \tag{21}$$

Der mittl. Fehler und das Gewicht des gewogenen Mittels sind

$$m_x = \pm \frac{m_0}{\sqrt{[p]}} \quad \text{bzw.} \quad p_x = [p] . \tag{22}$$

14.63 Der *Rechenweg* entspricht durchaus dem Verfahren in 14.5. Hinzu kommt lediglich, daß jede Fehlergleichung ihr besonderes Gewicht hat. Dadurch treten im nachstehenden Zahlenbeispiel an die Stelle von 14.5 Ziffer 2., 6. und 7. die Gleichungen (20) bis (22); es erscheinen zusätzlich die Spalten *lp* und *vp*; und *vv* und *ll* werden durch *vvp* und *llp* ersetzt. Ferner erhalten die [*v*]-Probe und die [*vv*]-Probe (14.5 Ziffer 4. und 5.) die Formen

$$[vp] = 0 \tag{23}$$

$$[vvp] = [llp] - [lp]\delta x = [llp] - \frac{[lp]^2}{[p]} . \tag{24}$$

Zahlensbeipiel: Ein Winkel wurde am 1. Tage 8mal, am 2. Tage 4mal, am 3. Tage 12mal und am 4. Tage 8mal gemessen. Man erhielt als Tagesmittel der Reihe nach $40{,}1714^{gon}$, $40{,}1718^{gon}$, $40{,}1721^{gon}$ und $40{,}1725^{gon}$. Gesucht sind der Mittelwert und sein mittl. Fehler.

Als Näherungswert sei $40{,}17^{gon}$ gewählt. Die Gewichtseinheit sei ein viermal gemessener Winkel. Damit erhält man

p	$l_i = L_i - x_0$	lp	$v_i = \delta_x - l_i$	vp +	vp —	vvp	llp
1	2	3	4	5		6	7
	cc	cc	cc	cc	cc	cc^2	cc^2
2	14	28	+6	12		72	392
1	18	18	+2	2		4	324
3	21	63	—1		3	3	1323
2	25	50	—5		10	50	1250
8		159		14	13	129	3289

$$\delta x = \frac{159}{8} = 19{,}88^{cc}; \quad [vp] = +\,1^{cc} \text{ (soll = Null)}$$

$$[vvp] = 3289 - 159 \cdot \delta x = 3289 - \frac{159^2}{8} = 129; \quad \text{soll } 129.$$

(Beachte: Damit die $[vvp]$-Probe stimmt, muß δx auf 1 bis 2 Stellen genauer gerechnet werden, als sachlich notwendig ist).

Ausgleichsergebnisse: $x = 40{,}17^{gon} + 20^{cc} = 40{,}1720^{gon}$;

$$m_0 = \pm \sqrt{\frac{129}{4-1}} = \pm\, 7^{cc}; \quad m_x = \frac{m_0}{\sqrt{[p]}} = \frac{\pm\, 7}{\sqrt{8}} = \pm\, 2{,}4^{cc}.$$

14.7 **Ausgleichung von direkten Beobachtungen mit einer Summenbedingung.** Oftmals müssen die ausgeglichenen Werte mehrerer Messungen L_i einer mathematischen Bedingung genügen, z. B. muß die Summe der den Horizont füllenden Winkel 400^g betragen, und eine Nivellementsschleife, die zum Ausgangspunkt zurückgeführt wird, muß mit Null abschließen. Für die Ausgleichung solcher Messungen ergibt das Prinzip des gewogenen Mittels folgenden Weg:

Ist S der Sollwert und $[L]$ die Summe aus den Ergebnissen der n die Summe bildenden Messungen, so wird der *Widerspruch* $w = [L] - S$ bei lauter gleichgewichtigen Messungen auf alle Einzelmessungen zu gleichen Teilen verteilt. Die mittl. Fehler einer ursprünglichen Messung L_i bzw. die einer ausgeglichenen Messung x_i sind

$$m_i = \pm \frac{w}{\sqrt{n}} \quad \text{bzw.} \quad m_{xi} = \pm\, m_i \sqrt{1 - \frac{1}{n}}. \tag{25}$$

Bei ungleichen Gewichten der Einzelmessungen dagegen wird der Widerspruch proportional zu den reziproken Gewichten $1/p_i$ verteilt.

Die mittl. Fehler einer ursprünglichen Messung vom Gewicht 1 bzw. die einer ausgeglichenen Messung x_i sind dann

$$m_0 = \pm\, w : \sqrt{\left[\frac{1}{p}\right]} \quad \text{bzw.} \quad m_{xi} = \pm \frac{m_0}{\sqrt{p_i}} \sqrt{1 - \frac{1}{p_i} : \left[\frac{1}{p}\right]}\,. \tag{26}$$

14.8 Berechnung mittlerer Fehler aus Doppelmessungen. Oftmals werden der Sicherheit halber n gleichartige Größen (Winkel, Strecken, Höhenunterschiede, Flächeninhalte usw.) je zweimal mit gleicher Genauigkeit beobachtet. L_i und ε_i seien die Beobachtungen und die wahren Fehler der ersten Serie, L_i' und ε_i' die der zweiten Serie. Beobachtung + wahrer Fehler ergeben laut Definition den wahren Wert einer Größe. Also muß sein

$$L_i + \varepsilon_i = L_i' + \varepsilon_i' \quad \text{oder} \quad L_i - L_i' = d_i = -\,\varepsilon_i + \varepsilon_i'\,.$$

Mithin sind die $d_i = -\,\varepsilon_i + \varepsilon_i'$ als die Differenzen $L_i - L_i'$ bekannt. Werden die n möglichen Gleichungen für die d_i zuerst quadriert, dann aufsummiert und schließlich durch n geteilt, so erhält man, weil wie in 14.4 die gemischten Glieder gegen Null gehen,

$$\frac{[dd]}{n} = m^2 + m'^2\,.$$

Da aber m und m', wenn beide Male nach dem gleichen Verfahren gemessen wird, als gleich angenommen werden können, erhält man bei gleichgewichtigen Messungen

als mittl. Fehler einer einzelnen Beobachtung

$$m = \pm \sqrt{\left[\frac{dd}{2n}\right]} \tag{27}$$

als mittl. Fehler einer aus beiden Messungen gemittelten Beobachtung

$$M = \pm \frac{1}{2} \sqrt{\left[\frac{dd}{n}\right]}\,. \tag{28}$$

Bei Messungen mit verschiedenen Gewichten ist

der mittlere Fehler einer Beobachtung vom Gewicht 1

$$m_0 = \pm \sqrt{\frac{[ddp]}{2n}}\,. \tag{29}$$

Beim Nivellement ist das Gewicht, da der mittl. Fehler nach der Regel bei (11) mit der Wurzel aus der nivellierten Strecke wächst, gemäß (17) der Strecke umgekehrt proportional; also ist, wenn die Strecke r_i heißt, $p_i = 1/r_i$.

Für die Fehlerrechnung ergeben sich dann die in 75 (3) und (5) (S. 159 u. 160) aus (29) und (26) abgeleiteten Formeln, die a. a. O. durch ein Beispiel erläutert sind.

14.9 Fehlergrenzen und Vertrauensbereich. Die Fläche unter der Kurve Bild 14.1 repräsentiert die Gesamtheit, aller aufgetretenen Fehler. Die Wahrscheinlichkeit, bei einer Messung einen Fehler zwischen den Grenzen $\varepsilon = a$ und $\varepsilon = b$ zu begehen, erhält man demnach durch Integration von 14 (1) zu

$$\Phi(\varepsilon) = \frac{h}{\sqrt{\pi}} \int_{\varepsilon = a}^{b} e^{-h^2 \varepsilon^2} \, d\varepsilon \,. \tag{30}$$

Wählt man als Grenzen $a = -u_s\mu$ und $b = +u_s\mu$, wobei u_s ein Zahlenfaktor und μ der nach (4) für den Fall $n \to \infty$ gefundene theoretische Wert des mittl. Fehlers ist, so gewinnt man für bestimmte Werte von u_s die in der Tabelle 1 vermerkten Prozentsätze der Sicherheit S dafür, daß die Beobachtungen in dem Vertrauensbereich

$$x \pm u_s\mu \tag{31}$$

liegen. Nach der letzten Zeile dieser Tabelle wird also der dreifache Wert von μ nur in 0,3% aller Fälle überschritten.

Tabelle 1

u_s	$S\%$
1	68,3
1,96	95
2	95,4
2,58	99
3	99,7

Gestützt auf diese Erkenntnis und auf langjährige praktische Erfahrungen betrachten die Vermessungsverwaltungen den 3- bis 4fachen Betrag des theoretischen mittl. Fehlers der verschiedenen Messungsarten als Fehlergrenze und schreiben vor, daß Messungen, bei denen die jeweiligen Fehlergrenzen überschritten werden, wiederholt werden müssen (vgl. 26.2, 45.3, 75.3). Diese Vorschrift führt vielfach zu der Auffassung, daß ein Messungsergebnis, bei dem der aus den Messungen selbst errechnete mittl. Fehler den durch die Fehlergrenzen gesteckten Rahmen nicht überschreitet, als gesichert angesehen werden kann.

Das trifft in dieser Allgemeinheit nicht zu. Aus der begrenzten Zahl der Messungen gewinnt man nämlich nicht den theoretischen Wert μ des mittl. Fehlers, sondern z. B. nach (5) oder (27) lediglich den Näherungswert m, und nach 14.5 und 14.6 den Näherungswert m_x. m und m_x aber sind um so ungenauer, je kleiner die Anzahl f der zu ihrer Berechnung verwandten überschüssigen Messungen ist.

Die mathematische Statistik verzichtet daher auf den Begriff der Fehlergrenze und ermittelt statt dessen für das Messungsergebnis den sogenannten *Vertrauensbereich*, dessen untere und obere Grenze beschrieben werden durch die Formel

$$x \pm t_s m_x \,. \tag{32}$$

Der darin auftretende Faktor t_s ist eine Funktion der Anzahl f der zur Berechnung von m_x benutzten überschüssigen Messungen und des je nach Lage des Falles für erforderlich gehaltenen Sicherheitsprozentsatzes S. Einige Zahlenwerte dieser sog. „Studentschen" Funktion sind in der Tabelle 2 wiedergegeben. In diese geht man ein mit f und findet rechts daneben die Werte für t_s bei $S = 95\%$ und $S = 99\%$.

Tabelle 2

f	Wert von t_s für	
	$S = 95\%$	$S = 99\%$
1	12,71	63,66
2	4,30	9,92
3	3,18	5,84
4	2,78	4,60
5	2,57	4,03
8	2,31	3,36
10	2,23	3,17
20	2,09	2,85
50	2,01	2,68
∞	1,96	2,58

Der sogenannte Erwartungswert oder wahre Wert der Messungsgröße selbst liegt dann mit dem gewählten Sicherheitsprozentsatz S in dem durch (32) beschriebenen Bereich.

Zahlenbeispiele zu 14.9.

1. Im Zahlenbeispiel zu 14.5 wurden $x = 52{,}351^{gon}$ und

$$m_x = \pm\, 0{,}0013^{gon}$$

mit $f = 5$ überschüssigen Beobachtungen berechnet. Also ist der Vertrauensbereich bei 95% Sicherheit:

$$x \pm 2{,}57 \cdot 0{,}0013 \quad \text{oder} \quad 52{,}351^{gon} \pm 0{,}003^{gon}\,,$$

und bei 99% Sicherheit:

$$x \pm 4{,}03 \cdot 0{,}0013 \quad \text{oder} \quad 52{,}351^{gon} \pm 0{,}005^{gon}\,.$$

Die Unsicherheit des Ergebnisses ist also 3 bzw. 5mal größer als meistens aufgrund des konventionell berechneten mittl. Fehler m_x angenommen wird.

2. Im Zahlenbeispiel zu 14.63 ergab sich $x = 40{,}1720^{gon}$ und $m_x = \pm\, 0{,}00024^{gon}$ mit $f = 3$. Also ist der Vertrauensbereich bei $S = 95\%$

$$x \pm 3{,}18 \cdot 0{,}00024^{gon} \text{ oder } 40{,}1720^{gon} \pm 0{,}0008^{gon}$$

und bei $S = 99\%$

$$x \pm 5{,}84 \cdot 0{,}00024^{gon} \text{ oder } 40{,}1720^{gon} \pm 0{,}0014^{gon}$$

Der Schlußsatz zum vorigen Beispiel gilt entsprechend.

Es überrascht zunächst, daß bei steigenden Ansprüchen an die Sicherheit in beiden Beispielen die Vertrauensgrenzen weiter nach außen gerückt sind und damit das Ergebnis x mit größerer Unsicherheit behaftet zu sein scheint als bei geringeren Ansprüchen. Die Erklärung ist jedoch einfach: Wenn zwischen den Vertrauensgrenzen bei sonst gleichbleibenden Verhältnissen ein größerer Prozentsatz an Sicherheit untergebracht werden soll, so müssen die Grenzen erweitert werden. Wünscht man dagegen das endgültige Messungsergebnis x in engere Grenzen einzuschließen, so muß man — eine aus (32) folgende triviale Erkenntnis — entweder durch genaueres Messen für einen kleinen mittl. Fehler sorgen, oder durch Vermehrung der Zahl der überschüssigen Beobachtungen in der Tabelle 2 zu einem kleineren Wert von t_s kommen.

2 Abstecken und Messen gerader Linien

21 Bezeichnungen von Punkten und Geraden

21.1 Bezeichnung von Punkten im Gelände. Der Zweck einer Grundstücksvermessung ist in erster Linie die Aufmessung der Grenzen. Die Brechpunkte der Grenzen werden daher, wenn die Örtlichkeit es irgend erlaubt, vermarkt, und zwar mit 60 bis 80 cm langen Natur- oder Kunststeinen, mit Betonklötzen, in die Eisenrohre eingelassen sind, mancherorts auch mit unterirdisch einzubringenden Hohlziegeln oder Dränrohren, seltener mit Pfählen. Außer den Grenzpunkten werden die Festpunkte der Vermessung festgelegt; insbesondere werden die Dreiecks- oder Trigonometrischen Punkte in Deutschland mit Steinpfeilern nebst unterlegter Platte vermarkt (Bild 21.1); andere Vermessungspunkte werden mit Lochsteinen oder nur unterirdisch mit Dränrohren, Hohlziegeln oder Gasrohren bezeichnet.

Für die Dauer einer Vermessung müssen alle anzumessenden Punkte von weit her zu sehen sein. Nun werden, wie in 12 ausgeführt ist, bei einer Lagemessung alle Punkte, die einer Lotlinie angehören, auf einen Punkt der Bezugsfläche projiziert; es liegt daher nahe, die Lotlinien der Punkte sichtbar zu machen. Das geschieht, wenn diese nicht bereits in der Natur vorhanden sind, wie etwa Hauskanten, mit Hilfe von Fluchtstäben. Die Fluchtstäbe (Baken) sind Stangen aus Eschen- oder Kiefernholz, die üblicherweise 2,8 cm stark und 2 m lang sein sollen; sie sind von 50 cm zu 50 cm abwechselnd weiß und rot gestrichen und mit einer eisernen Spitze zum Einstoßen in den Boden versehen. Sie werden mit Hilfe eines Schnurlotes, mit einer anklemmbaren Libelle oder mit einem Lattenrichter (Bild 21.2) lotrecht gestellt. Auf hartem Untergrund (Pflaster) benutzt man eiserne Fluchtstabhalter (Bild 21.3).

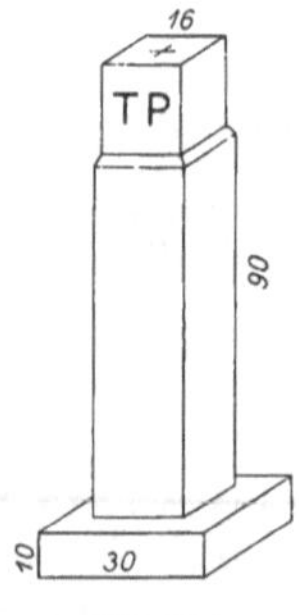

Bild 21.1
Dreieckspunkt

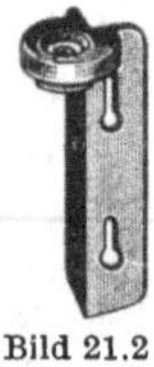
Bild 21.2
Lattenrichter

Bild 21.3
Fluchtstabhalter

21.2 Ausfluchten von Geraden. Um eine gerade Linie AB im Gelände zu bezeichnen, müssen zuerst ihre beiden Endpunkte mit Fluchtstäben ausgesteckt werden. Zwischen den Endpunkten werden weitere Fluchtstäbe in Abständen von 30 bis 50 m in der Weise eingefluchtet, daß vom Beobachterstandpunkt aus gesehen zuerst der fernste, zuletzt der nächstgelegene Zwischenpunkt eingewiesen wird. Sind alle Zwischenpunkte eingefluchtet, so ist die Gerade „abgesteckt".

Ein gewandter Beobachter kann Geraden bis zu etwa 200 m mit bloßem Auge ausfluchten; für längere Strecken ist ein Feldstecher erforderlich. Bei sorgfältiger Arbeit gelingt es so, in ebenem Gelände die Zwischenpunkte auf 2 bis 3 Stabdicken in die Gerade zu bringen. Wird größere Genauigkeit verlangt oder hat man eine Gerade im Gebirge durchzufluchten, ist ein Theodolit erforderlich. Vgl. Band III, 52.

21.3 Überwinden von Geländehindernissen

21.31 *Gegenseitiges Einweisen* durch 2 Gehilfen wird erforderlich, wenn A und E unzugänglich (Hausecken) oder infolge einer Bodenerhebung nicht gegenseitig sichtbar sind.

Die beiden Gehilfen stellen sich gemäß Bild 21.4 oben jeder mit einem Fluchtstab versehen, an zwei zwischen A und E gelegenen Punkten 1 und 2 auf, von denen aus jeweils ein Endpunkt der Strecke sichtbar ist. Nunmehr fluchtet 2 den 1 in die Gerade $2E$ nach 3, dann fluchtet 3 den 2 nach 4 und so fort, bis bei genau lotrecht stehenden Fluchtstäben an beiden Zwischenpunkten keine seitlichen Abweichungen mehr sichtbar sind (Bild 21.4 unten). Bei schärferen Anforderungen wiederhole man den Vorgang, indem man sich auch von der anderen Seite an die Gerade heranarbeitet.

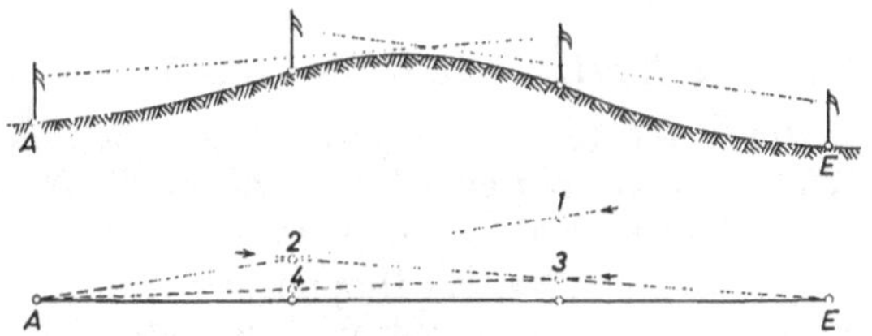

Bild 21.4

21.32 *Verbaute Messungslinien* lassen sich gem. Bild 21.5 mit Hilfe einer im Abstand a parallel zur ursprünglichen Linie durchgefluchteten Geraden abstecken. Die kleinen Doppelbögen im Bilde symbolisieren rechte Winkel, die gemäß 22 abzusetzen sind.

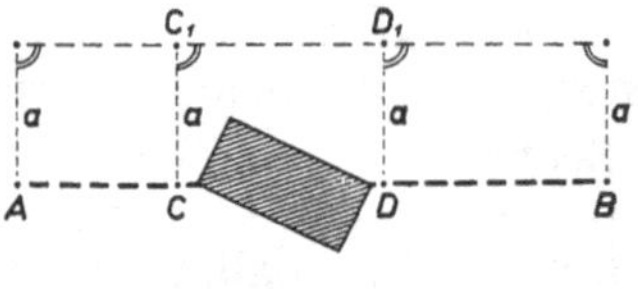

Bild 21.5

In anderen Fällen (Bild 21.6) legt man eine Hilfslinie durch A, „winkelt" B darauf auf und mißt das Stück b. Dann werden in C_1 und D_1 die Ordinaten c und d proportional eingerechnet und in der Örtlichkeit rechtwinklig abgesetzt. Das verbaute Zwischenstück errechnet sich nach dem Pythagoräischen Lehrsatz aus

$$(CD)^2 = (C_1D_1)^2 + (d - c)^2 .$$

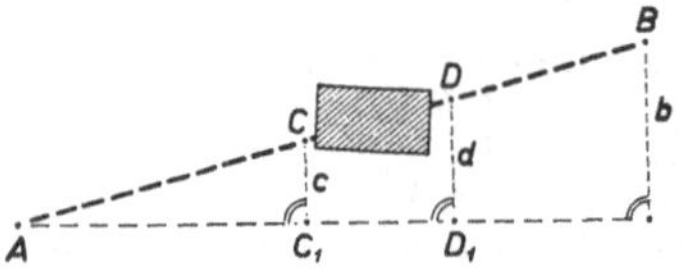

Bild 21.6

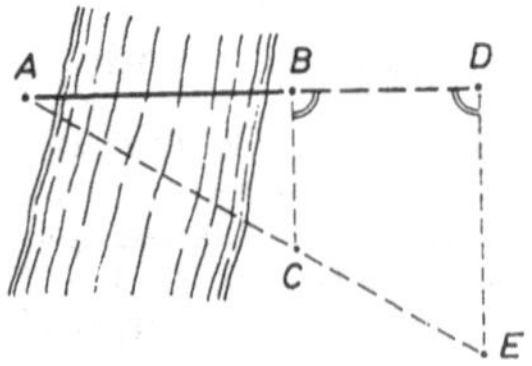

Bild 21.7

Wasserläufe lassen sich nach Bild 21.7 mit Hilfe des Ansatzes $AB = BC \dfrac{BD}{DE - BC}$ überqueren.

22 Absetzen von festen Winkeln

Zum Absetzen rechter Winkel oder zum Aufwinkeln seitwärts liegender Punkte auf eine Messungslinie dienen Diopterinstrumente, Winkelspiegel und Winkelprismen.

22.1 Die Kreuzscheibe, ein Diopterinstrument (Bild 22.1), besteht aus einem auf einem Stahlrohr befestigten Kegelstumpf mit vier etwa 0,5 mm breiten Schlitzen, die zwei zueinander senkrechte Visierlinien festlegen. Eine Dosenlibelle dient zum Lotrechtstellen. Die Kreuzscheibe erlaubt Steilsichten von etwa 35^g nach oben und unten; sie wird deshalb besonders im Gebirge verwandt. Der mittl. Fehler eines mit der Kreuzscheibe abgesteckten Winkels beträgt etwa $\pm 5^c$. Nach 13.3 (1) bedeutet das auf 30 m eine seitliche Unsicherheit von rund 2 cm.

Bild 22.1 Kreuzscheibe

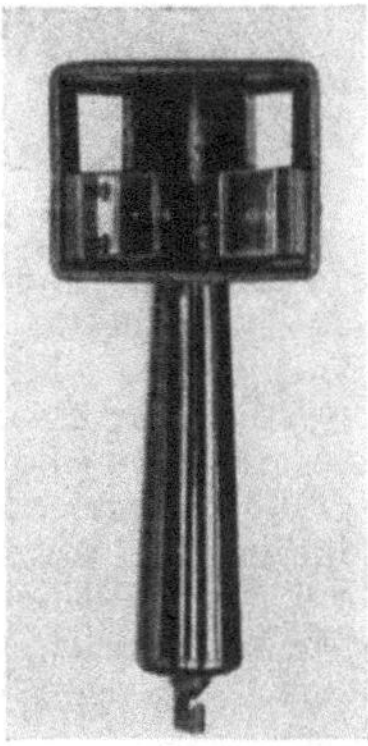

Bild 22.2 Winkelspiegel

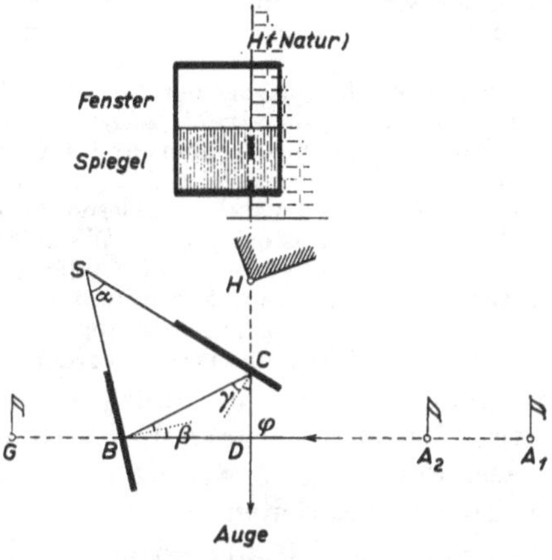

Bild 22.3 Strahlengang im Winkelspiegel

22.2 Der Winkelspiegel (Bild 22.2) besteht aus zwei ebenen Spiegeln, die einen Winkel von 50^g einschließen. Die Spiegel sind auf einem Handgriff befestigt, der mit Hilfe eines Schnurlotes zentriert und senkrecht gehalten werden kann.

Bild 22.3 läßt den Strahlengang erkennen: Ein von A_1 und A_2 kommender Strahl wird an den Spiegeln B und C reflektiert und von seiner ursprünglichen Richtung um den Winkel φ abgelenkt. Da aber

$$\varphi = 2\beta + 2\gamma \text{ und } \alpha = \beta + \gamma \text{ ist,}$$

wird

$$\varphi = 2\alpha = 2 \cdot 50^{gon} = 100^{gon} = 1 \llcorner .$$

Um die Hausecke H auf die Messungslinie AG „aufzuwinkeln", stellt der Beobachter sich in die Gerade AG und bewegt sich mit dem Winkelspiegel seitlich so lange hin und her, bis die Bilder der Fluchtstäbe A_1 und A_2 von H herzukommen scheinen. In dieser Stellung läßt er Schnurlot oder Lotstab fallen und gewinnt damit den Lotfußpunkt D.

Soll in D ein Lot errichtet werden, so wird ein Meßgehilfe mit einem Fluchtstab in die ungefähre Lotrichtung entsandt. Der Beobachter stellt sich in D auf und weist den Meßgehilfen so ein, daß sein Fluchtstab in derselben Richtung erscheint wie die Bilder von A_1 und A_2. Die Absteckgenauigkeit ist beim Winkelspiegel ungefähr so groß wie bei der Kreuzscheibe.

Der Winkelspiegel ist heute kaum noch im Gebrauch, weil die Spiegel einerseits ihre Lage leicht etwas verändern und dann berichtigt („justiert") werden müssen, zum anderen weil sie im Laufe der Zeit blind werden. Diese beiden Mängel treten bei den Winkelprismen [22.3] nicht auf.

Auf dem Prinzip des Winkelspiegels beruht der „Winkelhalbierer" nach Weiken, der aus zwei symmetrisch angeordneten gekoppelten Spiegeln besteht. Die Spiegel sind drehbar und mit einem Teilkreis gekuppelt, auf dem ein von zwei Sehstrahlen gebildeter Winkel beliebiger Größe auf einige Zehntel Grade abgelesen werden kann. Der Hauptzweck des Geräts ist die Absteckung der Winkelhalbierenden bei der Übertragung von Wegenetzentwürfen in die Örtlichkeit. Das Prinzip der zweimaligen Reflexion (an einem festen und einem beweglichen Spiegel) findet ferner Anwendung beim Sextanten, mit dem früher in der Feldmessung vielfach die Winkel gemessen wurden.

22.3 Winkelprismen sind geschliffene Glaskörper mit parallelen Kanten. Der Strahlengang läßt sich mit Hilfe des Brechungsgesetzes, des Reflexionsgesetzes und des Gesetzes von der totalen Reflexion herleiten.

22.31 Das *Bauernfeindsche Winkelprisma* (Bild 22.4) hat als Querschnitt ein rechtwinklig gleichschenkliges Dreieck; seine Hypotenusenfläche ist versilbert. Es wird durch eine Messingfassung mit einem Handgriff gehalten, an dem ein Schnurlot oder ein ausklinkbarer Lotstab befestigt werden kann. Bei Gebrauch sind zwei Fälle zu unterscheiden:

Erster Fall: Ein Lichtstrahl falle im mittleren Teil einer Kathete ein (Bild 22.5); dann wird er an der Eintrittskathete

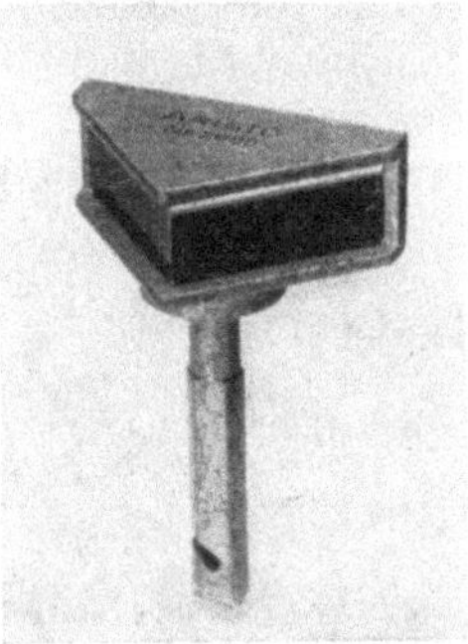

Bild 22.4 Bauernfeindsches Winkelprisma

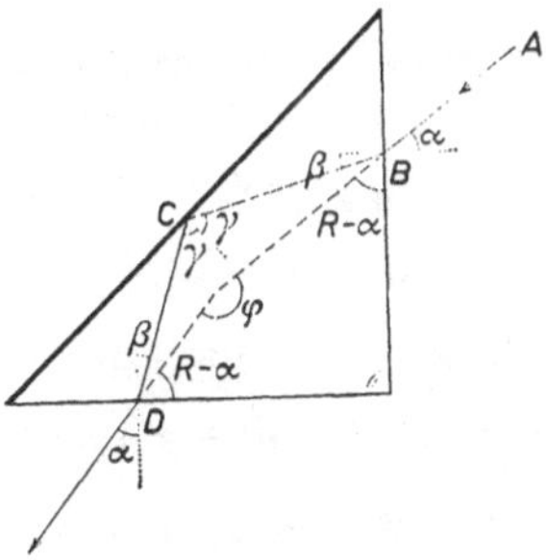

Bild 22.5 Bewegliche Bilder im Winkelprisma; R = 100^{gon}

gebrochen, an der Hypothenuse zurückgeworfen und an der Austrittskathete noch einmal gebrochen, wobei er eine Ablenkung $\varphi = 100^{gon} + 2\alpha$ erleidet. Dreht man das Prisma ein wenig, so ändert sich α und damit auch φ. Der Strahl scheint zu wandern; er ist beweglich und daher für unsere Zwecke nicht brauchbar.

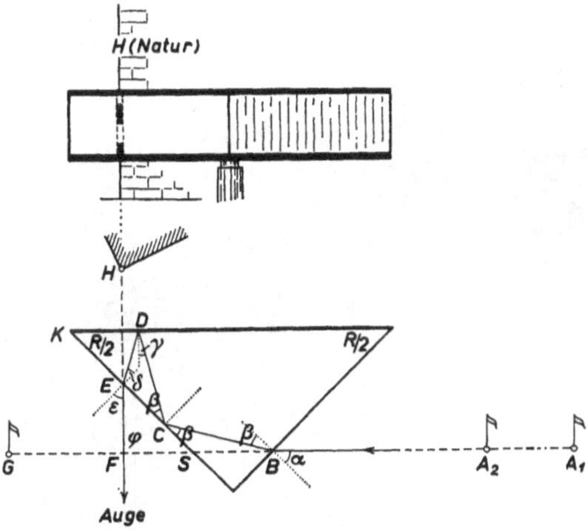

Bild 22.6 Feste Bilder im Winkelprisma; R/2 = 50^{gon}

Zweiter Fall: Der Lichtstrahl falle nahe der 100^{gon}-Kante des Prismas ein (Bild 22.6); jetzt wird er nach Eintritt in den Glaskörper zunächst an der gegenüberliegenden Kathete total und dann an der Hypotenusenfläche einfach reflektiert. Nun gilt

$$\text{im } \Delta\, KDC\colon \beta + \gamma = 50^{gon}$$

und $$\text{im } \Delta\, KDE\colon \gamma + \delta = 50^{gon}; \text{ also ist } \beta = \delta\,.$$

Nach dem Brechungsgesetz ist der Brechungsindex

$$n = \sin \alpha : \sin \beta = \sin \varepsilon : \sin \delta\,.$$

Mithin ist $\varepsilon = \alpha$. Da aber auch $\sphericalangle\, ESF = \alpha$ ist, gilt im $\Delta\, ESF\colon \varphi + (100^{gon} - \alpha) + \alpha = 200^{gon}$ oder $\varphi = 100^{gon}$.

Mit dem nach zweimaliger Reflexion austretenden festen Strahl kann wie mit dem Winkelspiegel [22.2] ein rechter Winkel genommen und abgesetzt werden. Ein fester Strahl wird auch dann erhalten, wenn man den Strahl in der Nähe einer der Basiskanten eintreten läßt. Dann muß der austretende Strahl in der Nähe der Glaskante gesucht werden.

22.32 Das *Fünfseitprisma* oder *Pentagon* nach *Goulier* (Bild 22.7) war ursprünglich als Vierseitprisma gedacht. Die fünfte Seite ist dadurch entstanden, daß eine Ecke abgeschnitten ist. Die beiden Längsseiten sind verspiegelt. Den Strahlengang zeigt Bild 22.8.

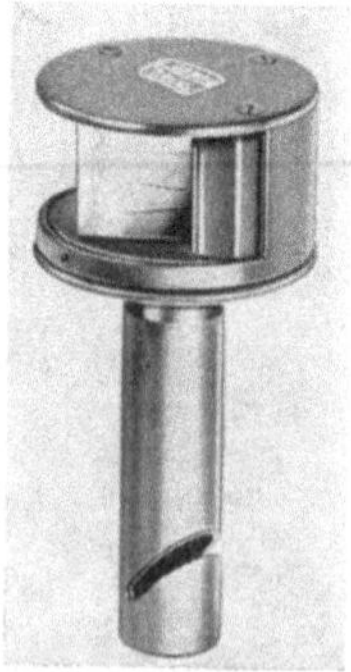

Bild 22.7 Fünfseitprisma

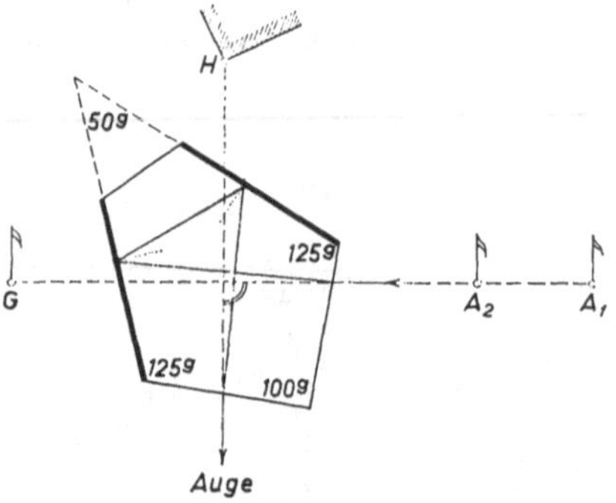

Bild 22.8 Strahlengang im Fünfseitprisma

Das Gesichtsfeld ist beim Fünfseitprisma größer als beim Dreiseitprisma, die Bilder sind heller, weil bei dem nahezu senkrechten Einfall der Strahlen wenig Licht verlorengeht, und der Scheitelpunkt des rechten Winkels liegt innerhalb des Glaskörpers. Schließlich lassen sich Grund- und Deckfläche mit Spiegelbelag versehen, so daß auch Steilsichten möglich sind. In der Praxis hat das Pentagon infolgedessen das Bauernfeindsche Dreiseitprisma fast vollständig verdrängt.

22.33 Das *Wollastonprisma* (Bild 22.9) geht auf ein Vierseitprisma zurück, bei dem die den rechten Winkel enthaltende Ecke abgeschnitten ist. Das Prisma hat keine verspiegelte Flächen; vielmehr wird der Strahl bei C und bei D total reflektiert. Da aber $\gamma + \delta = 150^{gon}$ ist, muß $BC \perp DE$ sein, also auch Strahl $A_1 A_2 BF \perp EFH$.

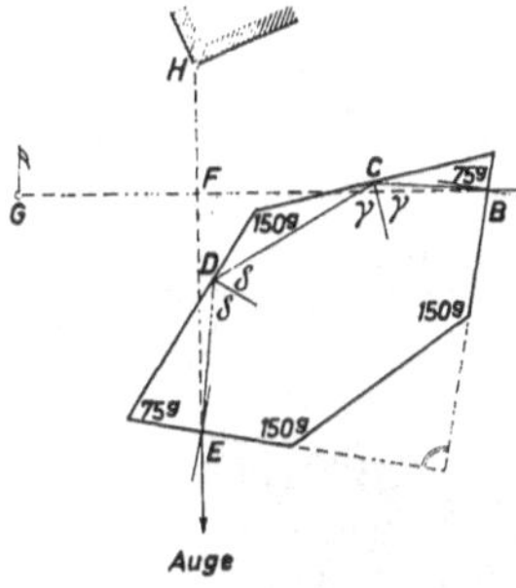

Bild 22.9 Strahlengang im Wollastonprisma

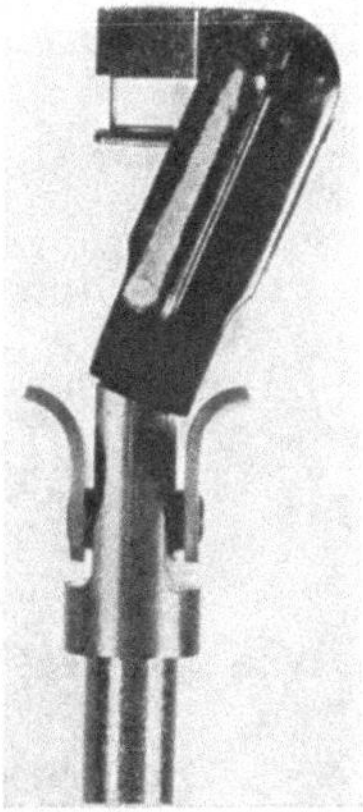

Bild 22.10 Doppelpentagon mit ausklinkbarem Lotstab (verkürzt)

Die Rechtwinkelprismen werden ebenso gebraucht wie Winkelspiegel. Eine Justierungsmöglichkeit ist nicht vorhanden und auch nicht nötig, da die Schliffehler unter 2^c bleiben. Zu dem Fehler des Schliffs kommen bei freihändigem Gebrauch ein mittl. Zielfehler von $\pm$ 3 bis 4^c und ein mittl. Zentrierfehler von $\pm$ 2 cm, so daß beim Abstecken eines 30 m langen Lotes mit einem Pentagon eine Genauigkeit von $\pm$ 2—3 cm erwartet werden kann. Bei Benutzung eines ausklinkbaren Lotstabes (Bild 22.10) kann die Unsicherheit noch um $\pm$ 1 cm herabgedrückt werden.

22.4 Prismenkreuze bestehen aus zwei übereinander angeordneten Bauernfeindschen, Goulierschen oder Wollastonschen Prismen. Sie erlauben es, rechte und gestreckte Winkel abzustecken.

Prismenkreuze aus Bauernfeindschen Prismen werden nicht mehr gefertigt. Dagegen ist das aus zwei Fünfseitprismen kombinierte Doppelpentagon (Bilder 22.11 und 22.13) stärker verbreitet als alle anderen Winkelprismen. Das aus zwei Wollastonprismen zusammengesetzte Prismenkreuz, das unter der Bezeichnung Kreuzvisier im Handel ist (Bilder 22.12 und 22.14), hat besonders günstige Lichtverhältnisse.

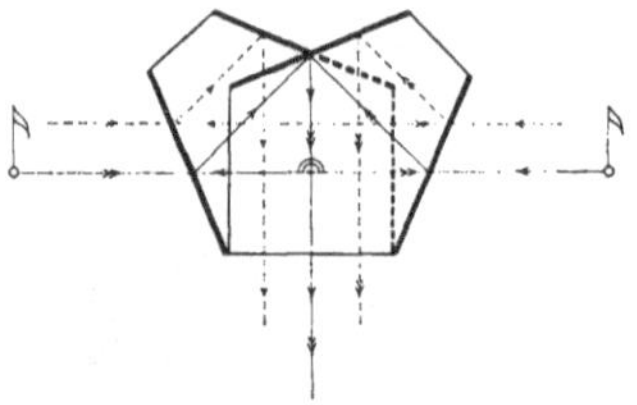

Bild 22.11
Strahlengang im Doppelpentagon

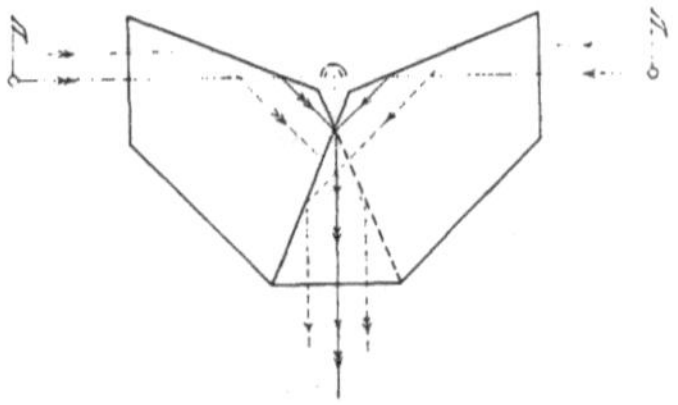

Bild 22.12
Strahlengang im Kreuzvisier

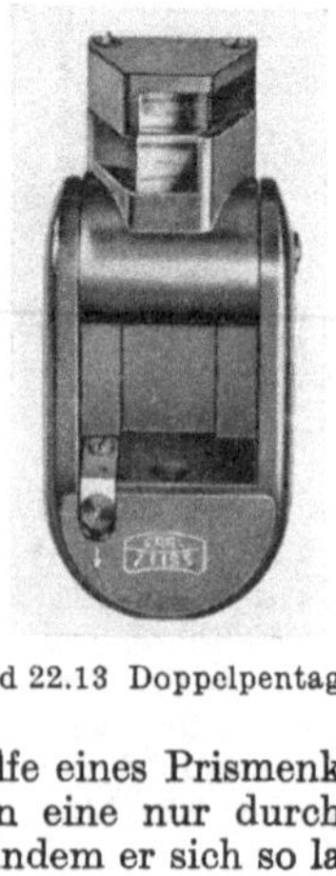

Bild 22.13 Doppelpentagon

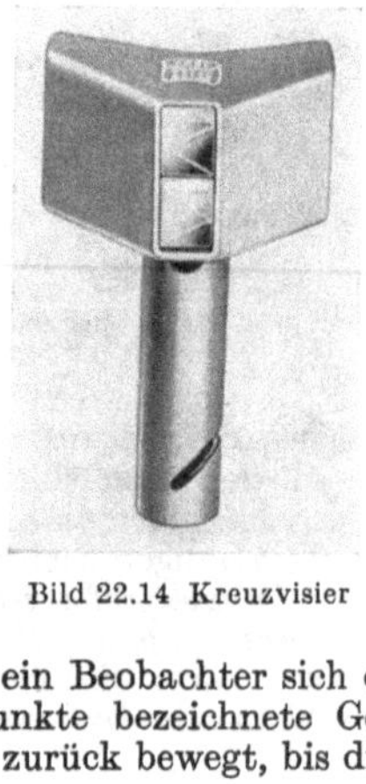

Bild 22.14 Kreuzvisier

Mit Hilfe eines Prismenkreuzes kann ein Beobachter sich ohne Meßgehilfen in eine nur durch ihre Endpunkte bezeichnete Gerade einfluchten, indem er sich so lange vor und zurück bewegt, bis die von den beiden Prismen erzeugten Bilder des Anfangs- und Endpunktes der Geraden übereinander liegen. Hinsichtlich der Schliff-, Ziel- und Zentrierfehler gilt dasselbe wie bei den Rechtwinkelprismen. Im übrigen geht die Genauigkeit des Einfluchtens mit zunehmender Entfernung der beiden Endpunkte schnell zurück. Zweckmäßig macht man nach dem ersten Einrichten kehrt und wiederholt das Einfluchten von der anderen Seite her.

23 Längenmessung mit Holzlatten

23.1 Beschreibung. Meßlatten werden aus gut getrocknetem astreinem Kiefernholz in den Längen 3 oder 5 m gefertigt. Sie haben einen ovalen Querschnitt, dessen große Achse sich bei einer 5 m-Latte von etwa 5 cm in der Mitte auf etwa 3 cm

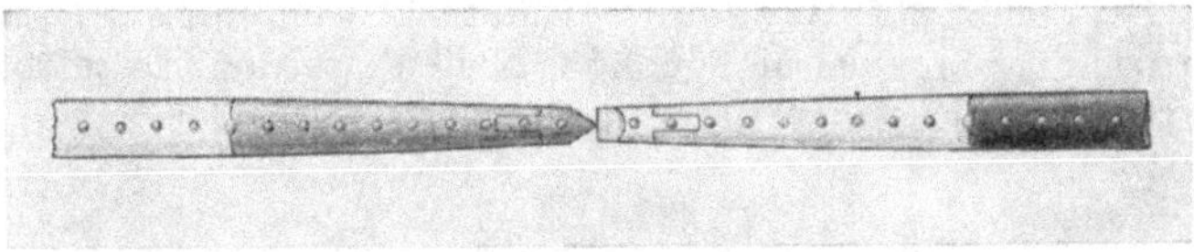

Bild 23.1 Schneidenlatten

an den Enden verjüngt. Die Enden sind mit eisernen Kappen versehen, die entweder ebene Endflächen (stumpfe Latten) oder um 100^{gon} versetzte Schneiden (Schneidenlatten) besitzen. Zum Schutz gegen Feuchtigkeit werden die Latten mit guter Ölfarbe gestrichen, und zwar so, daß die Farben Schwarz und Weiß oder Weiß und Rot von Meter zu Meter wechseln. Die Dezimeter sind durch Farbringe oder Messingmarken bezeichnet. Die Zentimeter werden geschätzt.

Die Meßlatten werden paarweise verwandt. In der Regel hat man zwei Fünfmeterlatten, von denen die erste schwarz—weiß—schwarz—weiß—schwarz und die zweite weiß—rot—weiß—rot—weiß (oder umgekehrt) gestrichen ist. Benutzt man die beiden Latten in der angegebenen Reihenfolge, so sind die ungeraden Meter immer weiß, was einen gewissen Schutz gegen 1 m- und 5 m-Fehler bedeutet.

23.2 Das Messungsverfahren richtet sich nach dem Gelände:

23.21 In *ebenem Gelände* werden die Meßlatten in der ausgefluchteten Geraden sorgfältig aneinandergereiht.

Ein Meßgehilfe faßt die erste — die schwarze — Latte am hinteren Ende, bringt sie, indem er das vordere Ende auf dem Boden wippen läßt, genau in die Meßrichtung und zieht sie an den Anfangspunkt der zu messenden Strecke heran. Dann bringt er die zweite — die rote — Latte in die Richtung und zieht sie vorsichtig an die erste heran. Nunmehr hebt er das vordere Ende der ersten Latte an, läßt die Latte durch beide Hände nach vorn gleiten und legt sie als dritte Latte an die zweite usw. Beim Aufnehmen der ersten Latte ruft er „5", beim Aufnehmen der zweiten „10", bei der dritten „15" usw., damit ihm immer die Anzahl der Meter, die „aufgenommen" sind, im Ohr klingt.

23.22 In *geneigtem Gelände* darf, wie einleitend erläutert worden ist, für die Längenmessung nur die horizontale Komponente in Ansatz gebracht werden. Man unterscheidet 3 Verfahren:

a) Bei der Staffelmessung (Bild 23.2) werden zwei Latten benutzt, die von zwei Meßgehilfen bedient werden. Dabei wird das tiefere Ende einer Latte nach Augenmaß oder mit Hilfe

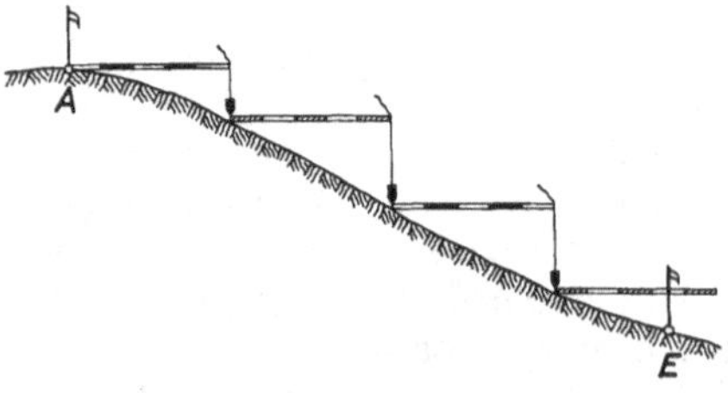

Bild 23.2 Staffelmessung

einer Wasserwaage bis zur Horizontalen angehoben und auf das am Boden liegende Ende der anschließenden Latte abgelotet.

Bergab mißt es sich leichter als bergauf. Jede genau zu bestimmende Strecke muß jedoch in beiden Richtungen gemessen werden, um Fehler im Endergebnis, die durch unbemerktes Bergabrutschen oder andere im gleichen Sinne wirkende Einflüsse hervorgerufen werden, zu eliminieren. Bei sehr steilem Gelände werden zweckmäßig 3 m-Latten und statt der Schnurlote Lotstäbe mit Dosenlibellen benutzt.

b) Bei dem **Reduktionsverfahren** (Bild 22.3) werden Schneidenlatten flach auf dem Erdboden so aneinandergelegt, daß die Latten einander in den Achsen berühren. Ferner wird ein mit einem Gradbogen versehener Pendel- oder Libellenneigungsmesser in jeder Lattenneigungslage auf die Mitte der Latte gesetzt, um den Neigungswinkel α zu bestimmen.

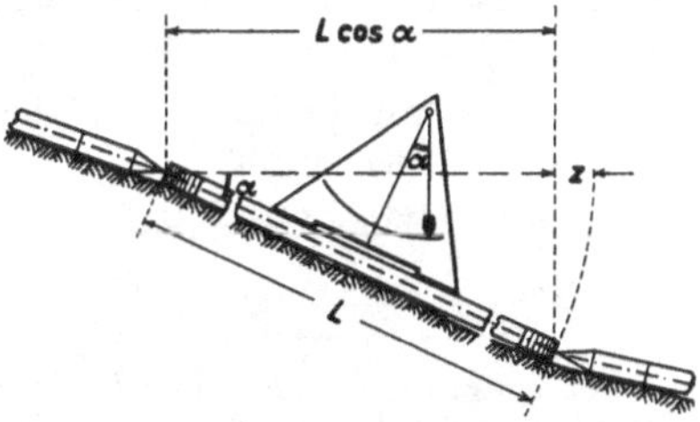

Bild 22.3 Reduktionsverfahren

Für die Streckenmessung darf statt der Länge L der Latte nur der Betrag $L \cos \alpha$ in Ansatz gebracht werden. Daher ist von jeder Lattenlage das Stück $z = L - L \cos \alpha = 2L \sin^2 \alpha/_2$ in Abzug zu bringen. z kann entweder mit dem Eingang α einer Tafel entnommen oder auch (z. B. beim Wimmerschen Neigungsmesser) unmittelbar am Instrument abgelesen werden. Zur Prüfung wird der Neigungsmesser auf eine schräg liegende Latte in beiden Richtungen aufgesetzt. Zeigen sich Differenzen, so ist das Gerät durch Verschieben der Gradskala oder durch Verdrehen der Libelle zu justieren.

c) Das **Zulegeverfahren** (Bild 22.4) benutzt man in mäßig geneigtem Gelände, wenn außer der Gesamtlänge der Strecke noch Zwischenmaße benötigt werden.

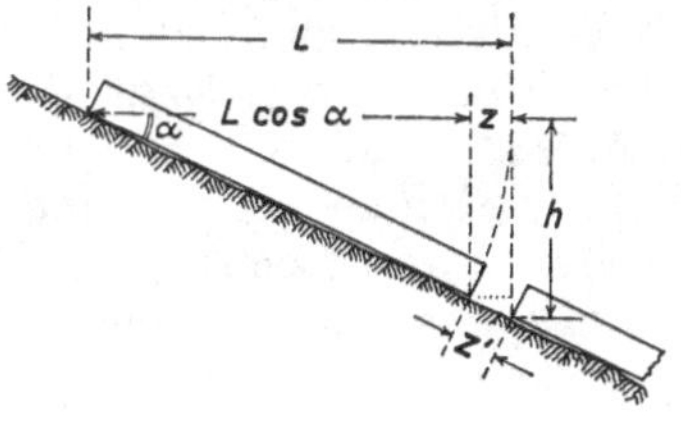

Bild 22.4 Zulegeverfahren

Wie beim Reduktionsverfahren werden die Latten flach auf den Boden gelegt. Zwischen zwei aufeinanderfolgenden Latten wird jedoch das Stück

$$z' = \frac{z}{\cos\alpha} = L(\sec\alpha - 1)$$

„zugelegt", d. h. es bleibt ein kleiner Zwischenraum frei, um den Anfangspunkt der nächsten Latte an die Stelle zu bringen, die er beim Abloten erhalten haben würde.

Steht kein Neigungsmesser zur Verfügung, so ergibt bei schwach geneigten Strecken eine Überschlagsrechnung

$$h^2 = (L + z')^2 - L^2 = 2z'L + z'^2$$

$$z' = \frac{h^2}{2L} - \frac{z'^2}{2L} \approx \frac{h^2}{2L}.$$

Das unterdrückte Glied beträgt für $L = 5$ m und $h = 0{,}6$ m nur 0,1 mm. Nimmt man im verbleibenden Hauptglied h in Dezimetern und z' in Millimetern, so ist für 5 m-Latten $z'_{mm} = (h_{dm})^2$. Demgemäß gilt für Neigungen bis etwa 10% die Regel: *Man messe oder schätze h in dm, quadriere den Betrag und erhält das Vorschiebmaß z' in mm.*

23.3 Gegenüberstellung der Verfahren. In ebenem Gelände liefern stumpfe und Schneidenlatten gleich gute Resultate; bei schwacher Neigung werden überraschend gute Ergebnisse mit Schneidenlatten und Neigungsmesser erzielt. In mittlerem Gelände sind Abloteverfahren und Reduktionsverfahren als gleichwertig anzusehen. In steilem Gelände kommt nur das Abloteverfahren, evtl. mit Staffelzeug in Frage. Bei einiger Sorgfalt lassen sich in ebenem oder schwach geneigtem Gelände mittl. Fehler von ± 2 bis 3 cm auf 100 m unschwer erreichen.

24 Längenmessung mit Stahlbändern

24.1 Stahlmeßbänder (Landmeßbänder) werden aus 2 cm breiten und 0,4 mm starkem Bandstahl, meist 20 m lang, gefertigt. An den Bandenden finden sich drehbare Endringe, deren Mitten gewöhnlich mit dem Anfangs- und dem Endpunkt der Teilung zusammenfallen. Volle und halbe Meter sind durch Messingplättchen, die Dezimeter durch Löcher oder Nieten markiert. Für den Transport wird das Band auf einen Metall- oder Kunststoffrahmen aufgewickelt.

Zur Messung werden die Endringe über Zieh- oder Richtstäbe gestreift, mit denen zwei Meßgehilfen das Band einfluchten und spannen. 10 Zählnadeln aus 30—40 cm langem Stahldraht dienen zum Markieren des jeweils vorderen Ende des Bandes und zum mechanischen Zählen der vorangegangenen Bandlagen.

Bei geneigtem Gelände kann bis etwa 5% Neigung nach dem Staffelverfahren und bis etwa 10% mit aufliegendem Band gemessen werden. Beim Staffeln wird der Ring am unteren Richtstab bis zur Horizontalen angehoben. Dabei entsteht ein Durchhang mit der Pfeilhöhe p, der den Abstand L der Bandenden um $f = 8p^2/3L$ verringert. p läßt sich mit Nivellier und Maßstab leicht ermitteln. Für ein 20 m-Band von 1,2 kg Gewicht ist bei 10 kp Spannung $p \approx 0{,}3$ m und $f \approx 13$ mm. Dieser Betrag ist also von der abgelesenen Länge abzuziehen. Bei Feldmessungen kann, wenn man das Band in der Mitte unterstützt (Bild 24.1), hiervon meistens abgesehen werden.

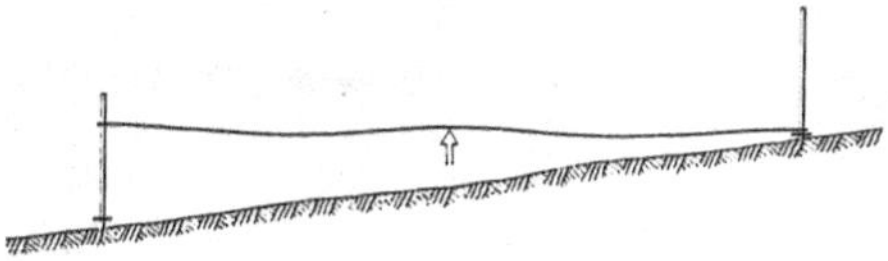

Bild 24.1 Bandmessung

Für Messungen mit aufliegendem Band (Polygonseiten) bestimmt man die Bandneigung mit einem Freihandhöhenmesser. Der Gefällmesser Necli von Breithaupt z. B. zeigt im Okular neben dem Ziel den Höhenwinkel h in Grad, Gon und Prozenten, ferner den Betrag 100 (1-cosh), der von einer 100 m langen Schrägstrecke zur Reduktion auf die Horizontale abzuziehen ist (Bild 24.2). Für ein 20 m-Band beträgt bei $h = 10$ u. 20%

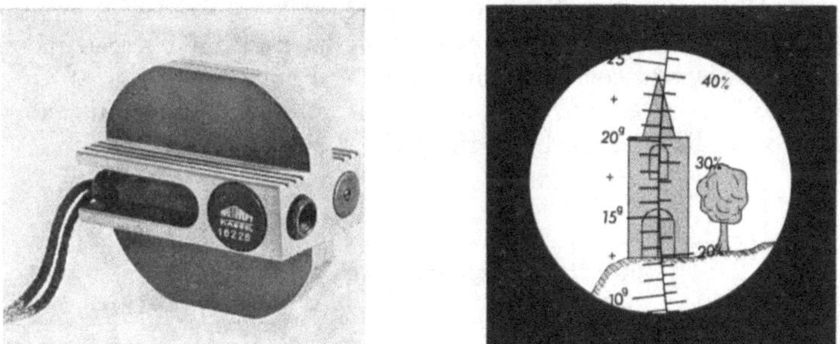

Bild 24.2 Handgefällmesser Necli, Ansicht und Gesichtsfeld

der Abzug 10 u. 39 cm. 1% Neigungsfehler macht bei 30% Neigung bereits 5 cm aus.

Bei höheren Genauigkeitsanforderungen benutze man ein Meßband, das einige dm länger ist als 20 m und statt der Endringe Marken besitzt, die ein sauberes Anlegen und Ablesen ermöglichen. Dem Band wird ferner mittels eines Meßbandspanners eine bestimmte gleichmäßige Spannung, meistens 5 oder 10 kp, erteilt (Bild 24.3). Man stelle endlich gem. 25.2 den Unterschied der Bandtemperatur zwischen Eichung und Messung in Rechnung.

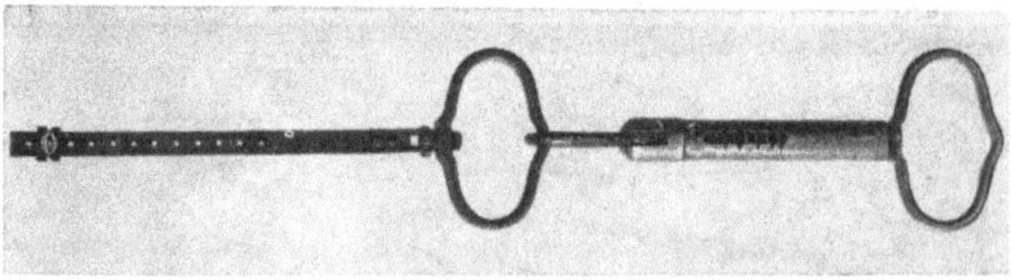

Bild 24.3 Meßband mit Überteilung und Meßbandspanner

Diese Messungsanordnung soll einseitige Fehleranhäufungen vermeiden; insbesondere sollen Fehler bekämpft werden, die durch zu schwaches oder zu starkes Spannen des Bandes hervorgerufen werden können.

24.2 Rollbandmaße werden nach DIN 3014 in Längen von 20, 25 und 50 m mit einem Querschnitt von 13 × 0,22 mm aus Stahl gefertigt und auf cm geteilt. Am Anfang besitzt das Band einen Haltering; am Ende ist es in einer Kapsel oder in einem Rahmen befestigt, auf den es nach Gebrauch mit einer Kurbel aufgerollt wird. Der Nullpunkt der Teilung liegt meist an der Stoßstelle von Ring und Band; besser ist eine Teilung, die etwa 1 dm vom Ring entfernt beginnt (Bild 24.4).

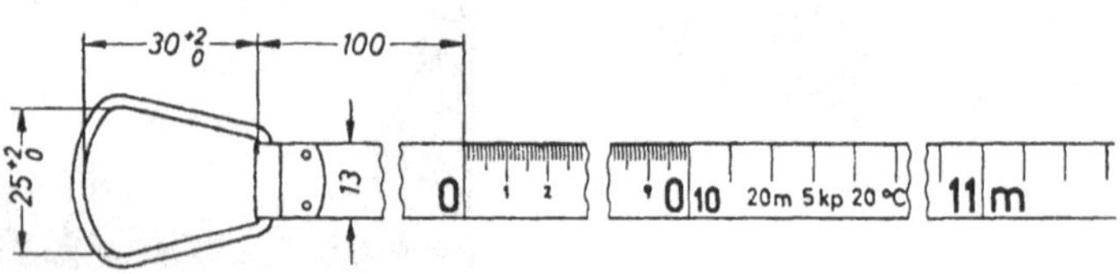

Bild 24.4 Rollbandmaß mit Überteilung

Im schwach geneigtem Gelände wird wie unter 24.1 entweder nach dem Staffelverfahren oder mit aufliegendem Band, ggf. mit Meßbandspanner und Temperaturkorrektion gemessen; bei starker Neigung muß gestaffelt werden.

Bei Schwachstrom führenden Bahnanlagen (automatische Weichen) dürfen nur isolierte Stahlbandmaße verwandt werden. Rollbandmaße aus Leinen sind für Vermessungszwecke ungeeignet.

24.3 Vergleich von Latten- und Bandmessung. Latten setzt man heute fast nur noch beim Staffeln im stark geneigten Gelände ein; denn die Bandmessung geht bequemer und rascher vonstatten. Dies gilt besonders für die Rollbandmaße. Da jedes Dezimeter mit m- und dm-Zahl bezeichnet ist, kann schnell und sicher und mit der mm-Teilung des ersten Banddezimeters auch auf mm abgelesen werden. Der Durchgang spielt auf 20 m nur eine unwesentliche Rolle. Neuerdings mißt man mit dem Rollbandmaß auch in Brusthöhe. Dabei werden die Meßdaten entweder an lotrechtstehenden Fluchtstäben oder an Fadenloten abgelesen.

Nichtbenötigte Teile des Bandes rollt man ein. Als mittl. Fehler erzielt man leicht 2 bis 3 cm auf 100 m. Infolge dieser Vorzüge hat das Rollbandmaß in der Vermessungspraxis die übrigen einfachen Längenmeßgeräte fast verdrängt.

25 Maßvergleich
Berücksichtigung von Temperatur und Spannung

Um einwandfreie Ergebnisse zu erzielen, müssen alle Längenmeßgeräte in regelmäßigen Abständen mit geeichten Prüfmeterstäben verglichen (abgeglichen) werden; bei Stahlbändern sind außerdem die Temperatur und die Spannung des Bandes zu berücksichtigen.

25.1 Zur Abgleichung von Holzlatten dient ein Lattenkomparator; er besteht in der einfachsten Ausführung aus einer glatten Bohle, auf der im Abstand von etwa 5,01 m zwei Stahlschneiden in der aus dem Bild 25.1 ersichtlichen Weise befestigt sind. Der Abstand der Schneiden wird mit Hilfe von zwei geeichten Prüfmeterstäben mit schneidenförmigen Enden und

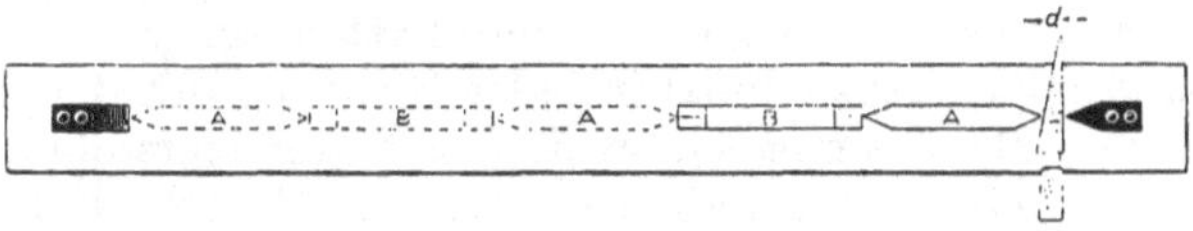

Bild 25.1 Meßlattenabgleichung

einem Meßkeil bestimmt, der eine Ablesung auf 0,01 mm gestattet.

Anschließend wird die zu vergleichende Latte zwischen den Schneiden eingelegt, und es wird mittels des Meßkeils die Differenz Schneidenabstand minus Lattenlänge bestimmt.

Beispiel: Abgleichung von 5 m-Latten. Gleichungen der Normalmeter:

$$\text{Stab A} = 1\text{ m} + 0{,}15\text{ mm} + 0{,}0115\,(t - 20°)\text{ mm}\,,$$
$$\text{Stab B} = 1\text{ m} + 0{,}07\text{ mm} + 0{,}0115\,(t - 20°)\text{ mm}\,.$$

Länge der Stäbe bei Abgleichungstemperatur $t = 16°\text{C}$:

$$A = 1\text{ m} + 0{,}10\text{ mm}; \quad B = 1\text{ m} + 0{,}02\text{ mm}\,.$$

Zweimalige Messung der Komparatorlänge K_5:

$$1.\ 3A + 2B + d_1 = 5\text{ m} + 0{,}34\text{ mm} + 9{,}10\text{ mm}\,,$$
$$2.\ 2A + 3B + d_2 = 5\text{ m} + 0{,}26\text{ mm} + 9{,}20\text{ mm}\,.$$

Mittel aus 1. und 2.: $K_5 = 5\text{ m} + 9{,}45\text{ mm}$.

Abgleichung eines Paares (rot und schwarz) von 5 m-Latten:

$$L_r = K_5 - d_r = 5\text{ m} + (9{,}45 - 8{,}30)\text{ mm} = \underline{5\text{ m} + 1{,}15\text{ mm}}\,,$$
$$L_s = K_5 - d_s = 5\text{ m} + (9{,}45 - 8{,}83)\text{ mm} = \underline{5\text{ m} + 0{,}62\text{ mm}}\,.$$

Bei feinsten Messungen werden die Latten vor und nach der Messung verglichen. Für weniger feine Arbeiten genügt die Überprüfung im Abstand von 1 bis 2 Monaten. Änderungen in der Lattenlänge werden in erster Linie durch Änderung des Feuchtigkeitsgehaltes hervorgerufen. Im allgemeinen pflegen die Latten, die im Winter auf einem trockenen Speicher gelegen haben, durch die Feuchtigkeitsaufnahme während der sommerlichen Arbeitsperiode zu wachsen. Die Einwirkung der Temperatur auf Holzlatten ist so gering, daß sie meistens vernachlässigt werden kann.

25.2 Die Abgleichung von Stahlmeßbändern kann mit einer für die meisten Fälle ausreichenden Genauigkeit in der Weise vorgenommen werden, daß eine etwa 100 m lange Vergleichsstrecke mit abgeglichenen Latten scharf bestimmt und dann mindestens einmal in jeder Richtung mit dem abzugleichenden Band gemessen wird. Die Gegenüberstellung der Ergebnisse liefert die Bandkorrektur; diese bezieht sich dann auf den ganzen Meßvorgang, d. h. auf Meßgerät und -verfahren.

Für genauere Messungen ist ein Meßbandkomparator nicht zu entbehren. Dazu wird zweckmäßig an einer Gebäudewand (möglichst im Innern eines ausgetrockneten festen Gebäudes) in etwa 1,20 m Höhe eine kräftige Meßbank von der Länge der zu prüfenden Bänder angebracht. Bei einfachster Ausführung wird der Anfang der Komparatorstrecke durch eine Metallplatte mit einem senkrecht zur Meßrichtung verlaufenden Strich, das Ende durch eine Metallplatte mit einer Millimeterteilung bezeichnet. Außerdem sind an den Enden Vorrichtungen zum Festhalten bzw. zum Spannen der Bänder vorzusehen. Der Abstand zwischen der Anfangsmarke des Meßbandkomparators und dem Nullstrich der Endmarke wird ebenso gemessen wie der Schneidenabstand beim Lattenkomparator. Das Band wird mit derselben Spannung eingelegt wie bei der Feldarbeit.

Das so gewonnene Ergebnis gilt für die Bandtemperatur im Augenblick der Eichung; es ist also noch auf die Normaltemperatur 20°C umzurechnen. Dabei kann der Ausdehnungskoeffizient für Stahl genau genug mit $11{,}5 \cdot 10^{-6} m$ je Meter und Grad Celsius angenommen werden.

Beispiel: Abgleichung eines 20 m-Stahlmeßbandes L_{20}.
Komparatorlänge: $K = 20\text{ m} + 1{,}08\text{ mm}$. Ablesung am Maßstab nach Einlegen des Bandes bei 5 kp Zug und $t = 16°$ gab $d = 1{,}5\text{ mm}$.

Mithin ist: $L_{20} = K - 1{,}5\text{ mm} = 20\text{ m} - 0{,}42\text{ mm}$ bei $t = 16°$;

Ferner ist bei $t = 20°$:

$$L_{20} = 20\text{ m} - 0{,}42\text{ mm} - 20 \cdot 0{,}0115\,(16 - 20)°\text{ mm},$$

bei $t = t°$: $L_{20} = 20\text{ m} + 0{,}50\text{ mm} + 20 \cdot 0{,}0115\,(t - 20)°\text{ mm}$.

Bei 10° Temperaturzuwachs dehnt ein 20 m-Band sich um 2,3 mm aus, d. h. eine Strecke von 100 m würde um 11,5 mm zu kurz erhalten werden. Diese Beträge dürfen schon bei Messungen mittlerer Genauigkeit nicht vernachlässigt werden. Für den praktischen Gebrauch entwirft man sich zweckmäßig eine Tabelle, die die Länge des Bandes oder die Reduktion für eine 100 m-Strecke bei 0°, 5°, 10° · · · 35°C angibt. Im Freien läßt die Bandtemperatur sich nur verhältnismäßig unsicher bestimmen. Bei bedecktem Himmel pflegt man die mit einem Schleuderthermometer gemessene Lufttemperatur in die Rechnung einzuführen. Bei Sonneneinstrahlung erzielt man bessere Ergebnisse, wenn ein Körperthermometer an das Band geklemmt wird. Trotzdem muß mit Temperaturfehlern von ± 5°C gerechnet werden, die auf 100 m eine Längenunsicherheit von 6 mm zur Folge haben!

26 Genauigkeit der Längenmessung

26.1 Das Fehlergesetz der Längenmessung. Die Fehler der Längenmessung treten teils regelmäßig, teils unregelmäßig auf. Zu den regelmäßig wirkenden Fehlern gehören unrichtige Länge der Meßgeräte,

Ausweichen aus der Geraden und aus der Horizontalen, Durchbiegung der Latten, Bergabrutschen der Latten usw. Unregelmäßige Fehler entstehen u. a. beim Aneinanderreihen der Latten und Bänder und beim Abloten; ferner beim Ablesen am Anfangs- und Endpunkt.

Die unregelmäßigen Fehler wachsen gemäß 14 (11) mit der Wurzel aus der Strecke, die regelmäßigen mit der Strecke selbst, und die Ablesefehler sind unabhängig von der Länge der Strecke. Im ungünstigsten Falle werden die drei Fehlerbestandteile sich addieren. Man hat dann für den Gesamtfehler einer Strecke s den Ansatz

$$a\sqrt{s} + bs + c\,.$$

26.2 Fehlergrenzen. Aufbauend auf diesem Ansatz und auf jahrzehntelangen Erfahrungen bei Katastervermessungen haben die deutschen Vermessungsverwaltungen bestimmt, daß bei der Stückvermessung unter günstigen (I), mittleren (II) und ungünstigen (III) Geländeverhältnissen die Differenzen zwischen zwei unabhängigen Ermittlungen einer Strecke die nachstehenden Fehlergrenzen (in m) nicht überschreiten dürfen:

$$D_{\mathrm{I}} = 0{,}008\sqrt{s} + 0{,}0003\,s + 0{,}05\,,$$
$$D_{\mathrm{II}} = 0{,}010\sqrt{s} + 0{,}0004\,s + 0{,}05\,,$$
$$D_{\mathrm{III}} = 0{,}012\sqrt{s} + 0{,}0005\,s + 0{,}05\,.$$

Diese entsprechen, wie in 14.9 begründet ist, dem 3- bis 4fachen Betrag des zu erwartenden mittleren Fehlers. Einige Hauptwerte sind in der nachstehenden Tabelle errechnet. Für Messungen zur Bestimmung von Festpunkten gelten Fehlergrenzen, die um ein reichliches Drittel enger sind.

s	D_{I}	D_{II}	D_{III}
20	0,09	0,10	0,11
50	0,12	0,14	0,16
100	0,16	0,19	0,22
200	0,22	0,27	0,32
500	0,38	0,47	0,57

Diese Fehlergrenzen sind aufgrund ihrer Entstehungszeit noch auf die im nachfolgenden Unterabschnitt 31 geschilderten Verfahren der Stückvermessung mit Meßlatten oder Meßbändern abgestellt. Daneben haben sich aber in jüngerer Zeit für manche Zwecke das Polarverfahren (Band II, 36.1) und die photogrammetrische Aufnahme* als ebenbürtig oder sogar als überlegen erwiesen. Neben den Geländeverhältnissen sollte ferner in den Fehlergrenzen auch der unterschiedliche Wert des Grund und Bodens berücksichtigt werden, wie das in den

* Lehmann, G.: Photogrammetrie; Slg. Göschen Bd. 1188; Berlin 1969. Dort S. 205ff.

Großstädten schon seit vielen Jahrzehnten geschieht. Die Fehlergrenzen werden also in nächster Zeit stärker differenziert werden müssen*.

3 Aufnehmen und Auftragen kleiner Lagepläne

31 Flächenaufnahme mit Längenmeß- und Rechtwinkelgeräten

31.1 Aufnahmeverfahren. Eine Fläche aufnehmen heißt, zur Festlegung ihrer Grenzpunkte so viele Maße (Strecken und Winkel) ermitteln, wie zum Auftragen (Zeichnen, Kartieren) eines maßstäblichen Lageplanes notwendig sind. Bei größeren Arbeiten müssen die Winkel mit dem Theodoliten gemessen werden; solche Aufnahmen werden in Band II beschrieben. Für kleinere Flächen genügen Aufnahmen mit Längenmeß- und Rechtwinkelgeräten; Aufnahmen dieser Art werden als Stückvermessung bezeichnet.

Man unterscheidet bei der Stückvermessung zwei Verfahren, das Rechtwinkelverfahren (Orthogonalverfahren, Koordinatenverfahren) und das Einbindeverfahren.

31.11 Beim *Rechtwinkelverfahren* (Bild 31.1) wird durch die aufzunehmende Fläche eine Messungslinie als Abszissenachse gelegt, auf der die Brechpunkte der Grenzen, die Ecken der Häuser und die anderen aufzunehmenden Gegenstände mit Hilfe eines Rechtwinkelgerätes aufgewinkelt werden. Alsdann werden die Fußpunkte auf der Abszissenachse eingemessen und die Längen der Ordinaten bestimmt, womit jeder Punkt durch rechtwinklige Koordinaten eindeutig festgelegt ist.

31.12 Beim *Einbindeverfahren* (Bild 31.2) spannt man über die aufzunehmende Fläche einen aus Dreiecken aufgebauten Rahmen von Grenz- oder Messungslinien und bindet in diesen Rahmen die übrigen Grenzstrecken, die Umringslinien der Häuser u. a. m. ein, indem man sie bis zum Schnitt mit den Rahmenseiten verlängert und die Schnittpunkte einmißt. Die

* Oberholzer, G.: Amtliche Fehlergrenzen des Katasters für die Neumessung von landwirtschaftlich genutzten Grundstücken. Deutsche Geodätische Kommission, Heft C 130. München 1969.

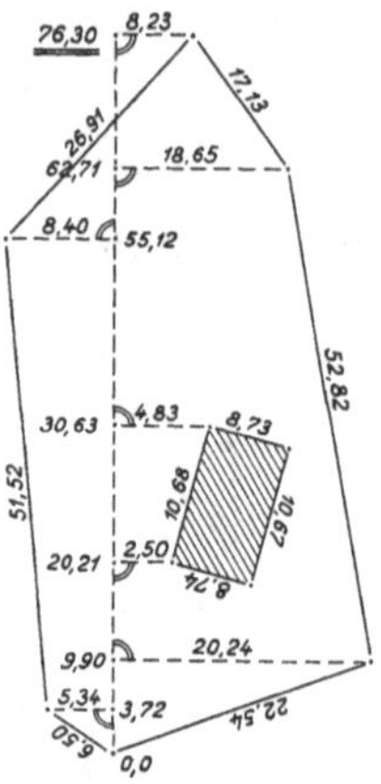

Bild 31.1 Rechtwinkelverfahren

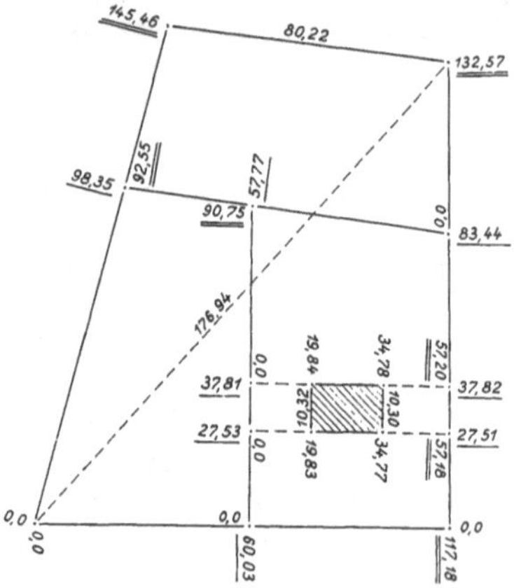

Bild 31.2 Einbindeverfahren

Gegenstände im Innern der Fläche werden entsprechend in nachgeordnete Messungslinien eingebunden.

Bei größeren Stückvermessungen kommen beide Verfahren zur Anwendung. Man braucht das Einbindeverfahren, wenn gleichmäßige Grundstücksformen überwiegen. Bei unregelmäßigen Grenzzügen ist das Rechtwinkelverfahren bequemer. Dieses hat noch den weiteren Vorteil, daß die Grundstücksflächen sich unmittelbar aus den Feldmaßen ableiten lassen. Meistens werden beide Grundstücksformen nebeneinander vorkommen. Dann legt man zweckmäßig an die Außengrenzen des aufzunehmenden Gebiets ein aus Grenz- und Messungslinien gebildetes Rahmennetz, verdichtet es durch Messungslinien im Innern des Gebiets und bindet in dieses Aufnahmenetz geradlinig verlaufende Grenzen, lange Hausfluchten usw. ein, während gebrochene Grenzzüge auf passend ausgewählte Messungslinien aufgewinkelt werden. Dabei sollen die aufzunehmenden Gegenstände durch kurze Ordinaten und kurze nahezu rechtwinklig einmündende Verlängerungen mit möglichst wenig Messungszahlen erfaßt werden; gleichzeitig sind wirksame Kontrollmaße einzubauen.

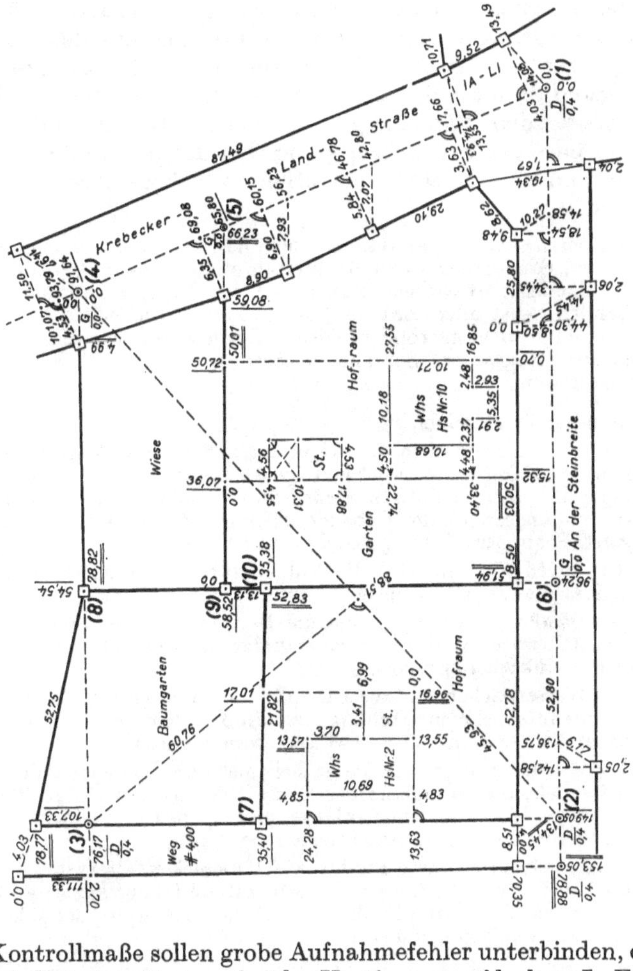

Bild 31.3 Handriß

Kontrollmaße sollen grobe Aufnahmefehler unterbinden, oder zumindest sie spätestens bei der Kartierung aufdecken. In Frage kommen hierfür die Strecken zwischen zwei benachbarten Grenzmarken (Steinbreiten), insbesondere an den Schmalseiten der Grundstücke (Kopfmaße), Umringsmaße von Gebäuden;

seltener Diagonalen oder Streben, die eine Ordinate seitlich abstützen. Grundsätzlich sollen die Brechpunkte der Eigentumsgrenzen — bei Aufnahmen für technische Zwecke die wichtigsten Punkte des Projekts — durch Messungsproben gesichert werden. Bild 31.3 gibt ein Beispiel für eine mit Kontrollen versehene Stückvermessung, bei der das Einbindeverfahren und das Rechtwinkelverfahren nebeneinander angewandt sind.

31.2 Aufnahmegegenstände bei der Stückvermessung sind Eigentums-, Grundstücks- und Kulturgrenzen mit den sie begleitenden Mauern, Zäunen und Gräben; ferner Straßen, Wege, Wasserläufe und Eisenbahnen nebst allen Erd- und Kunstbauten, schließlich Gebäude jeder Art und wichtige topographische Gegenstände wie Hydranten, Lichtmaste, Wegweiser, Schranken, Ferngas- und Hochspannungsleitungen u. a. m.

Man merke im einzelnen:

a) Bei Gebäuden wird in der Regel das aufsteigende Mauerwerk an zwei oder drei Ecken durch rechtwinklige Abstände oder Verlängerungen festgelegt; alle übrigen Punkte werden durch Umfangsmaße bestimmt. Der Verwendungszweck der Gebäude ist durch Zusatz wie Wohnhaus, Werkstatt, Schuppen, Fabrikgebäude usw. zu erläutern.

b) Bei freien Flächen wird die Nutzungsart wie Hofraum, Garten, Acker, Wiese usw. eingeschrieben.

c) Bei Straßen und Wegen sind die Begrenzungen der Fahrbahnen sowie Radfahrwege, Fußwege, Straßengräben usw. einzumessen; ferner ist ihre Klassifikation anzugeben.

d) Bei Wasserflächen sind die Uferlinie, Böschungsgrenzen und Uferbauten mit aufzunehmen. Ihre Art, ob Fluß, Kanal, Bach usw., und gegebenenfalls der Name des Gewässers wird vermerkt.

e) Bei Gleisen genügt, solange es sich nicht um spezielle Bahnmessungen handelt, die Aufnahme der Gleisachsen; von Wichtigkeit sind dabei in erster Linie die Bogenanfänge, Bogenenden und Gleiswechsel; daneben Stellwerke, Signalvorrichtungen usw.

f) Scharf gekennzeichnete Punkte wie Mauerecken, Grenzsteine usw. sind auf Zentimeter, alle übrigen Punkte auf Dezimeter abzulesen und in den „Handriß" einzuschreiben. Krumme Linien werden als gebrochener Linienzug aufgemessen.

31.3 Handrißführung. Der Handriß ist eine einigermaßen maßstäbliche Skizze des aufzunehmenden Gebiets, in die alle Messungslinien eingezeichnet und alle Messungszahlen im Felde eingetragen werden. Zweckmäßig nimmt man dafür eine transparente, reiß- und regenfeste Folie (z. B. Ultraphan), die man in einen Feldbuchrahmen mit fester Unterlage einlegt und mit einem nicht zu weichen unverwischbaren Bleistift beschreibt. Bei der Führung der Handrisse halte man sich an folgende auch im Bild 31.3 beachtete Regeln:

a) Jeder angemessene Punkt wird im Handriß durch einen Punkt bezeichnet. Grenzpunkte erhalten, wenn sie vermarkt sind, eine Signatur, die die Art der Vermarkung (Grenzstein, Rohr, Pfahl usw.) kennzeichnet; vermarkte Einbindepunkte werden durch einen kleinen Kreis hervorgehoben, wobei die Buchstaben wie *D*, *G*, *Pf* usw. die Vermarkung durch Dränrohr, Gasrohr, Pfahl usw. anzeigen.

b) Grenzstrecken und Gebäudeseiten werden voll ausgezogen, Messungslinien gestrichelt.

c) Die Maßzahlen auf den Messungslinien werden vom Anfang- bis zum Endpunkt durchlaufend quer zur Messungslinie eingetragen, und zwar, wenn Messungslinien oder Ordinaten abgehen oder Fluchten einmünden, auf der freien Seite der Messungslinie. Die Maße für die Einbindepunkte werden einmal, die Endmaße der Messungslinien doppelt unterstrichen.

d) Die Längen der Ordinaten werden neben den angewinkelten Punkt oder auch auf die Mitte der Ordinate geschrieben.

e) Zwei Viertelkreise kennzeichnen einen mit einem Rechtwinkelinstrument bestimmten rechten Winkel; eine Pfeilspitze bedeutet eine Verlängerung; das Geradheitszeichen — ein Halbkreis — zeigt an, daß eine Grenzlinie an dieser Stelle keinen Brechpunkt aufweist.

f) Der Handriß muß so geführt werden, daß er von jedem Sachverständigen zur weiteren Verarbeitung der Aufnahme ohne Rückfragen verwertet werden kann.

32 Einfache Koordinatenrechnungen

Auf die Feldaufnahme folgen die Herstellung eines maßstäblichen Plans und die Flächenberechnung. Diese beiden Arbeitsgänge werden sehr erleichtert — bei größeren Objekten überhaupt erst ermöglicht —, wenn für die wichtigsten Messungs- und Grenzpunkte rechtwinklige Koordinaten vorliegen. Im großen wird die Koordinatenrechnung erst bei der trigonometrischen Punktbestimmung in Band II besprochen werden. Hier werden lediglich einfache Koordinatenrechungen vorweggenommen, die für die Stückvermessung erforderlich sind.

32.1 Das geodätische Koordinaten-System ist rechtsläufig angeordnet. Die positive x-Achse (Abszissenachse) zeigt nach Norden, die positive y-Achse (Ordinatenachse) nach Osten, so daß die Quadranten die aus dem Bild 32.1 zu entnehmende Reihenfolge haben. Solche Systeme sind allen größeren Landesvermessungen zugrunde gelegt. Bei Kleinaufnahmen kann hier-

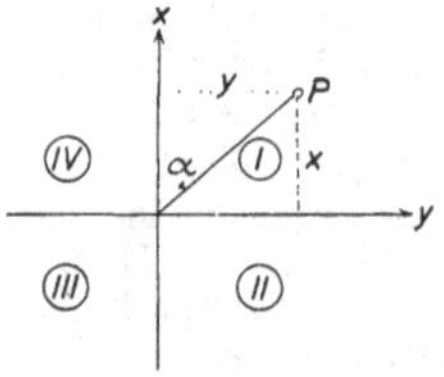

Bild 32.1 Geodätisches Koordinatensystem

von abgewichen und eine geeignete Messungslinie als x-Achse gewählt werden.

32.2 Berechnung von Höhe und Höhenfußpunkt. Sind in einem Dreieck die 3 Seiten gegeben, so ist nach Bild 32.2

$$b^2 - p^2 = c^2 - q^2 = h^2 . \tag{1}$$

Eine einfache Zwischenrechnung führt auf die Gleichungen

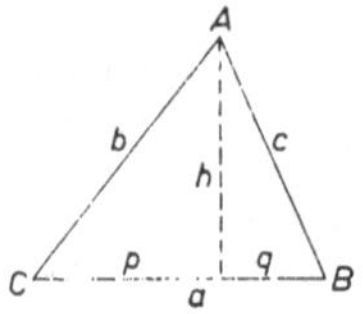

Bild 32.2

$$\frac{p+q}{2} = \frac{a}{2} = \frac{a^2}{2a} \tag{2}$$

$$\frac{p-q}{2} = \frac{(b+c)(b-c)}{2a} = \frac{b^2-c^2}{2a}, \tag{3}$$

die bei Addition das Stück p, bei Subtraktion das Stück q ergeben. h kann zweimal (d. h. mit Probe) aus (1) abgeleitet werden. Liegt h außerhalb des Dreiecks, so ist das Vorzeichen von p und q zu beachten.

Beispiel: Im Bild 31.3 ist in dem Dreieck mit den Eckpunkten (1) (2) (4) $a = 149{,}05$ m; $b = 134{,}45$ m; $c = 91{,}64$ m. Gesucht sind die Koordinaten von (4), bezogen auf die Seite (1)—(2) als Abszissenachse. Dazu ergeben die obigen Formeln $p = 107{,}02$ m; $q = 42{,}04$ m; $h = 81{,}42$ m. Wählt man (1) als Nullpunkt, so ist

$$x_1 = 0{,}00 \quad x_4 = +\,42{,}04 \quad x_2 = +\,149{,}05\,,$$
$$y_1 = 0{,}00 \quad y_4 = +\,81{,}42 \quad y_2 = \quad 0{,}00\,.$$

32.3 Berechnung von Kleinpunkten. Unter Kleinpunkten werden Bindepunkte im Liniennetz verstanden, für die Koordinaten berechnet sind. Gesucht seien im Bild 32.3 die

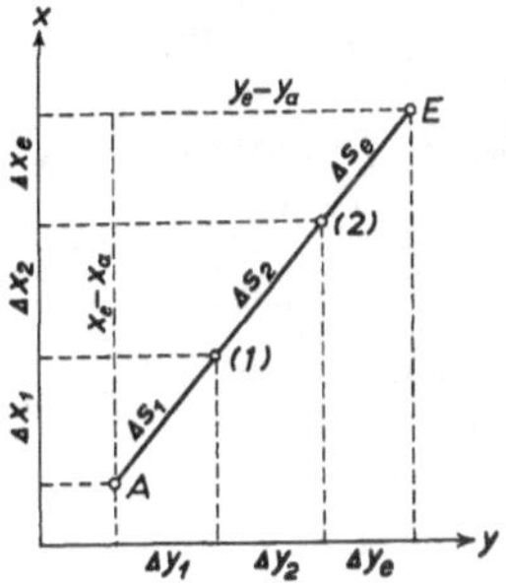

Bild 32.3

Koordinaten der Kleinpunkte (1) und (2), die auf der Verbindungslinie der bereits bei einer früheren Vermessung koordinierten Punkte A und E eingemessen sind. Die Messung ergab für die Teilstrecken die Maße Δs_1, $\Delta s_2 \ldots \Delta s_e$, für die Gesamtstrecke das Maß $s = [\Delta s_i]$.

Um sowohl das Maß s wie die Koordinaten von A und E zu prüfen, wird aus den Koordinaten von A und E die Sollänge

$$S = \sqrt{(x_e - x_a)^2 + (y_e - y_a)^2} \tag{4}$$

berechnet und mit dem Messungsergebnis s verglichen. Dabei wird infolge der unvermeidlichen Messungsungenauigkeiten eine Differenz $d = S - s$ auftreten, die die in 26.2 gegebenen Fehlergrenzen nicht überschreiten darf. Um diese Differenz für die Rechnung zu beseitigen, wird angenommen, es seien die durch die Messung erhaltenen Werte s und Δs_i durch Multiplikation mit dem Maßstabsfaktor S/s in die Sollwerte S und ΔS_i überführt; dann ergibt sich an Hand des Bildes zur Berechnung der den Teilstrecken entsprechenden Koordinatenunterschiede Δy_i und Δx_i der einfache Proportionalansatz

$$\Delta y_i = \frac{y_e - y_a}{S} \Delta S_i; \quad \Delta x_i = \frac{x_e - x_a}{S} \Delta S_i .$$

Es ist aber $S = s \cdot S/s$ und $\Delta S_i = \Delta s_i \cdot S/s$. Die vorstehenden Ausdrücke lassen sich daher umbilden in

$$\Delta y_i = \frac{y_e - y_a}{s} \Delta s_i; \quad \Delta x_i = \frac{x_e - x_a}{s} \Delta s_i, \tag{5}$$

worin S und ΔS_i nicht mehr auftreten. Setzt man dann

$$o = \frac{y_e - y_a}{s} \quad \text{und} \quad a = \frac{x_e - x_a}{s}, \tag{6}$$

so erhält man die Koordinaten der Punkte (1) und (2) nach den Formeln

$$\left.\begin{aligned} y_1 &= y_a + o\Delta s_1 & x_1 &= x_a + a\Delta s_1 \\ y_2 &= y_1 + o\Delta s_2 & x_2 &= x_1 + a\Delta s_2 \\ y_e &= y_2 + o\Delta s_e & x_e &= x_2 + a\Delta s_e\,. \end{aligned}\right\} \tag{7}$$

Die letzte Zeile dient lediglich der Kontrolle: y_e und x_e müssen mit ihren Sollwerten bis auf Abrundungsfehler herauskommen.

Beispiel: Berechnung der Koordinaten des im Bild 31.3 auf der Strecke (3)—(4) liegenden Kleinpunktes (8) nach den Gleichungen (4), (6) und (7). Mit den in der nachstehenden Tabelle eingetragenen Koordinaten von Punkt (4) ≡ A und Punkt (3) ≡ E findet man

$$S = \sqrt{(x_e - x_a)^2 + (y_e - y_a)^2} = 107{,}38 \text{ m}$$

$s = 107{,}33$ m (gemessen); $d = S - s = 0{,}05$ m; zulässig 0,16 m.

$$o = \frac{y_e - y_a}{s} = -0{,}0488; \quad a = \frac{x_e - x_a}{s} = +0{,}9993\,.$$

Pkt.	Strecken Δs_i	y_i $\Delta y_i = o \cdot \Delta s_i$	x_i $\Delta x_i = a \cdot \Delta s_i$	Bemerkung
(4)	54,54	+81,42 —2,66	+42,04 +54,50	≡ A
(8)	52,79	+78,76 —2,58	+96,54 +52,75	
(3)	[107,33]	+76,18	+149,29	≡ E

32.4 Berechnung seitwärts liegender Punkte. Im Bild 32.4 ist Punkt P durch das im Fußpunkt F errichtete Lot h festgelegt. Dann läßt sich, wenn man den Reduktionsfaktor S/s auch an h angebracht denkt, an der Figur ablesen:

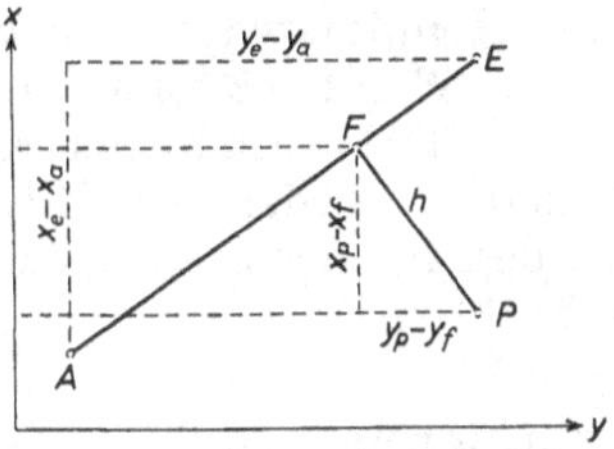

Bild 32.4

$$y_p - y_f = \frac{x_e - x_a}{s} h = + a \cdot h$$
$$x_p - x_f = - \frac{y_e - y_a}{s} h = - o \cdot h . \tag{8}$$

Beispiel: Berechnung der Koordinaten des im Bild 31.3 auf die Messungslinie (4)—(2) aufgewinkelten Punktes (3) nach den Gl. (4), (6), (7), (8).

Mit Punkt (4) ≡ A und Punkt (2) ≡ E findet man

$$S = \sqrt{(x_e - x_a)^2 + (y_e - y_a)^2} = 134{,}46 \text{ m}$$

$s = 134{,}45$ m (gemessen); $d = S - s = 0{,}01$ m; zulässig 0,18 m

$$o = \frac{y_e - y_a}{s} = -0{,}6056; \quad a = \frac{x_e - x_a}{s} = +0{,}7959 .$$

Pkt.	Strecken Δs_i	h	y_i Δy_i	x_i Δx_i	Bemerk.	Rechenformeln
(4)			+81,42	+42,04	≡ A	$\Delta y_i = o \cdot \Delta s_i$
	88,51		—53,60	+70,45		$\Delta x_i = a \cdot \Delta s_i$
			+27,82	+112,49	≡ F	$\Delta y_i = + a \cdot h$
		+60,76	+48,36	+36,80		$\Delta x_i = - o \cdot h$
(3)			+76,18	+149,29	≡ P	$\Delta y_i = + a \cdot h$
		—60,76	—48,36	—36,80		$\Delta x_i = - o \cdot h$
			+27,82	+112,49	≡ F	$\Delta y_i = o \cdot \Delta s_i$
	45,94		—27,82	+36,56		$\Delta x_i = a \cdot \Delta s_i$
(2)	[134,45]		0,00	149,05	≡ E	

Man hat demnach, um die Koordinaten von *P* zu erhalten, zunächst die Koordinaten von *F* auf *AE* gemäß Gl. (7) zu errechnen und dann die nach Gl. (8) erhaltenen Koordinatenunterschiede zwischen *F* und *P* zu den Koordinaten von *F* hinzuzuzählen. Dabei ist *h* positiv oder negativ einzusetzen, je nachdem, ob *P* in der Meßrichtung rechts oder links der Linie *AE* liegt.

32.5 Prüfung des Liniennetzes. Die Koordinatenmethode gibt die Möglichkeit, nach Gl. (4) jede Strecke im Liniennetz zu berechnen, für deren Endpunkte Koordinaten ermittelt sind. Vergleicht man dann die berechneten mit den gemessenen Maßen, so hat man eine unabhängige Probe für die Richtigkeit der Messung. Messungsfehler werden infolgedessen in einem richtig aufgebauten Liniennetz mit einer an Sicherheit grenzenden Wahrscheinlichkeit rechtzeitig aufgedeckt.

Beispiel: Prüfung der Messungslinien im Bild 31.3

Strecke	aus Koord. gerechn.	gemessen	Diff.	zul.
(6)—(8)	78,76	78,82	—0,06	0,14
(7)—(10)	52,79	52,83	—0,04	0,12
(5)—(9)	66,26	66,23	+0,03	0,13

33 Auftragen eines Lageplanes

33.1 Maßstab und Zeichenträger eines Lageplans werden durch den jeweiligen Zweck der Aufnahme bedingt. Gebräuchliche Maßstäbe für kleinere Lagepläne sind 1:250, 1:500, 1:1000. Als Zeichenträger für Baupläne und sonstige einfache Zeichnungen von begrenzter Lebensdauer empfiehlt sich, zumal wenn Lichtpausen benötigt werden, transparentes Papier. Für Zeichnungen, bei denen größere Anforderungen an Maßhaltigkeit und Dauer gestellt werden, nimmt man Zeichenkarton und bei höchsten Anforderungen Zeichenkarton mit Aluminiumeinlage. Maßhaltig und transparent zugleich sind einzelne Folien wie z. B. das Astralon; dabei muß jedoch, damit die Zeichnung gut haftet, eine Spezialtusche verwendet werden. Eine vielversprechende Neuerung ist das sogenannte Ritzverfahren, bei dem die Zeichnung mit einem Stichel in eine auf einem durchsichtigen maßhaltigen Träger (Glas, Kunststoffolien) aufgetragene Schicht geritzt wird.

Als Handwerkszeug für kleinere Reinzeichnungen auf Karton oder Folien benötigt man einen Anlegemaßstab und eine Zeichennadel, ferner ein gutes Stahllineal und zwei scharf geschnittene Zeichendreiecke aus Kunststoff. Zirkel und Transversalmaßstab werden nur noch selten verwandt. Dagegen empfehlen sich die in zahlreichen Ausführungen angebotenen Kleinkartiergeräte, die eine schärfere Einstellung und Markierung der abzusetzenden Maße und Punkte ermöglichen, als es mit einem Anlegemaßstab möglich ist. Als Beispiel sei hier der Aristo-Kleinkoordinatograph der Firma Dennert und Pape genannt, der einen Kartierbereich von 20 × 20 cm und Skalen für die Maßstäbe 1:500, 1:1000, 1:2000, 1:2500 besitzt. Bei sorgfältiger Arbeit erreicht man damit eine Zeichengenauigkeit von ± 0,2 mm.

Für Aufnahmen größeren Umfangs, die auf ein Koordinatensystem bezogen sind, hat man ein Quadratnetz zu fertigen (Bild 33.1). Dazu gebraucht man ein Sägeblattlineal von 1 m

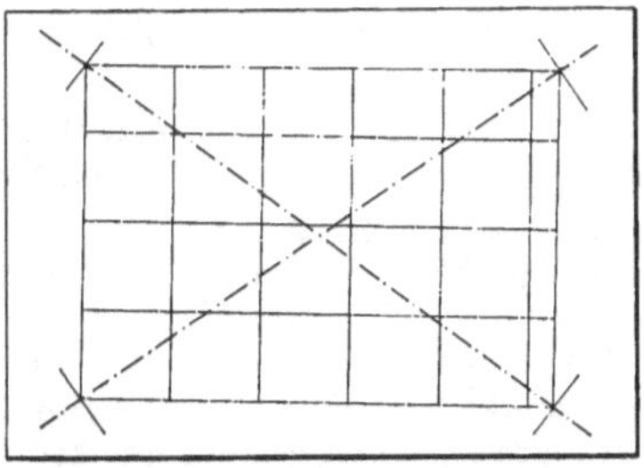

Bild 33.1 Quadratnetzentwurf

Länge mit eingeritzten Dezimetermarken. Man entwirft damit ein Diagonalkreuz mit genau gleich langen Armen, verbindet die Endpunkte, unterteilt die Seiten des so entstandenen Rechtecks in Dezimeterabschnitte und zieht die Quadratseiten durch. Zur Probe wird das Lineal in die Diagonalen der Netzquadrate gelegt; dann müssen die Kreuzungspunkte genau auf einer Geraden liegen. Sind Quadratnetze in größerer Zahl anzufertigen, so bediene man sich einer Metallschablone, die mit quadratisch angeordneten feinen Durchbohrungen zum Durchstechen versehen ist.

33.2 Die Reinzeichnung mit der Hand beginnt mit dem Auftragen des Liniennetzes auf Grund der in der Örtlichkeit gemessenen Konstruktionselemente oder, wenn Koordinaten gerechnet sind, mit dem Eintragen der Liniennetzpunkte in das Quadratnetz. Norden soll oben oder links oder links oben liegen. Die aufgenommenen Einzelheiten werden vom Messungsliniennetz aus abgesetzt. Falls der Zeichenträger sich verzogen hat, werden die Differenzen auf den Messungslinien proportional verteilt. Beim Auftragen der Einzelheiten werden auch die bei der Aufnahme gemessenen Kontrollmaße nachgegriffen, was eine Probe für die Richtigkeit der Messung und der Zeichnung ist.

Für die Auszeichnung und die Beschriftung der Lagepläne haben sich bei den behördlichen Vermessungs- und Baudienststellen Zeichenvorschriften herausgebildet, die zum größten Teil in dem Normblatt DIN 18702 „Zeichen für Vermessungsrisse, großmaßstäbliche Karten und Pläne" niedergelegt sind. Die wichtigsten dieser Regeln sind folgende:

1. Die Reinzeichnung wird, um die Vervielfältigung zu erleichtern, in schwarzer Tusche ausgeführt.
2. Eigentumsgrenzen werden mit Strichen von 0,3 mm Stärke, Flurgrenzen und Gebäudegrenzen mit etwas feineren Strichen gezeichnet.
3. Wohngebäude und öffentliche Gebäude werden unter 50^g Neigung zu den Begrenzungslinien, Wirtschaftsgebäude parallel zur kürzeren Seite schraffiert. Bei öffentlichen Gebäuden und bei Fabrikgebäuden kann ein erläuternder Zusatz hinzugefügt werden.
4. Wichtige Messungspunkte werden durch einen Kreis mit beigeschriebener Punktnummer, die Kreuzungspunkte des Quadratnetzes durch kleine Kreuze dargestellt. Die Messungslinien und die Quadratseiten können mit stark verdünnter Tusche ausgezogen werden.
5. Gemeinde- und Flurnamen werden in senkrechter, Gebäudebezeichnungen und Punktnummern in rechtsgeneigter Schrift parallel zum unteren Blattrand geschrieben; Wegenamen werden in rechtsgeneigter, Gewässernamen in linksgeneigter Schrift in die Laufrichtung gesetzt. Die Größe der Schrift soll der Bedeutung des Gegenstandes entsprechen.

6. Für die Darstellung der Bodennutzungsarten kann das Musterblatt für die Deutsche Grundkarte als Anhalt dienen. Wegen weiterer Zeichen und Signaturen sei auf das DIN-Blatt 18702 verwiesen.

33.3 Koordinatographen. Für ausgedehntere Aufnahmen höchster Genauigkeit werden zweckmäßig zum Auftragen des Quadratnetzes und koordinierter Einzelpunkte Koordinatographen eingesetzt, von denen Bild 33.2 mit dem Aristo-

Bild 33.2 Aristo-Koordinatograph 4446

Koordinatographen 4446 von Dennert und Pape eine Vorstellung geben mag. Dem durch die Automation ausgelösten Trend zur Digitalisierung von Meßwerten folgt die Firma auch bei den manuell zu bedienenden Aristo-Koordinatographen. Diese können jetzt mit einer Positionsanzeige Digimeß ausgerüstet werden, die das Einstellen und Ablesen der Koordinatenwerte vereinfacht. Dazu sind der X- und Y-Wagen des Koordinatographen mit Impulsgebern ausgerüstet, welche die Bewegungen an elektronische Zähler weitergeben.

Als weitere elektronisch gesteuerte Kartierautomaten seien genannt: der lochkartengesteuerte Koordimat (1,2 × 1,3 m) von Zeiss-Oberkochen, der Kartiertisch *Graphomat Z 92* (1,2 × 1,4 m) von Zuse-Bad Hersfeld und die numerisch gesteuerte Zeichenanlage *Coradomat* (1,3 × 1,6 m) von Coradi-

Zürich. Die Geräte arbeiten durchweg mit einer Zeichengenauigkeit von $\pm$ 0,1 mm und besser.

Mit Zusatzeinrichtungen oder -geräten können den Zeichnungen auch die Koordinaten einzelner Punkte entnommen und gespeichert werden, d. h. die Zeichnungen können in Zahlenwerte umgesetzt oder anders ausgedrückt, sie können digitalisiert werden. Beispiele für solche Geräte sind der *Haromat* von Zuse sowie die Koordinatenlesegeräte *Positronic* von Nestler und *Digimeter* von Coradi. Das letztere wird in 2 Typen hergestellt, nämlich für die Entnahme von rechtwinkligen Koordinaten und für das Abgreifen von Polarkoordinaten.

34 Vervielfältigung und Maßstabsänderung

34.1 Vervielfältigung von Plänen. Durchsichtige Originale werden, solange die Auflage 25 Stück nicht übersteigt, am einfachsten durch Lichtpausen vervielfältigt, d. h. es werden mit Hilfe einer starken Lichtquelle Abzüge auf lichtempfindlichem Papier gemacht, die der Maßhaltigkeit wegen am besten trocken, z. B. in Salmiakdämpfen, entwickelt werden. Bei mehr als 25 Stück ist der Flachdruck vorzuziehen.

Bei undurchsichtigen Originalen können wenige Abzüge im Reflexverfahren oder durch Büro-Kopierverfahren gewonnen werden. Beim Reflexverfahren wird, indem man das Original oder das Kopierpapier von hinten durchleuchtet, zunächst ein Negativ und dann ein Positiv geschaffen. Wesentlich einfacher sind die neuen Büro-Kopierverfahren, die nach photographischem (Copyrapid), wärmetechnischem (Thermofax) oder elektrostatischem Prinzip (Xerographie) arbeiten. Die Verfahren werden so schnell weiterentwickelt und durch neuere Verfahren ergänzt oder ersetzt, daß eine eingehende Beschreibung an dieser Stelle sich erübrigt.

Bei größeren Auflagen leitet man von dem undurchsichtigen Original ein transparentes Zweitstück ab. Dieses Zweitstück kann mit einfachen Mitteln durch Hochzeichnen oder Hochritzen auf eine durchsichtige Unterlage gewonnen werden. Enthält das zu vervielfältigende Original sehr viel Zeichnung oder werden sehr hohe Ansprüche an Genauigkeit und Feinheit der

Zeichnung gestellt, so muß das transparente Zweitstück mit Hilfe einer Reproduktionskamera hergestellt werden.

34.2 Maßstabsänderung. Zum Vergrößern oder Verkleinern einfachster Figuren dient der *Reduktionszirkel*. Dieser besteht aus zwei sich kreuzenden Stangen, die an beiden Enden Zirkelspitzen tragen und im Kreuzungspunkt (Scheitelpunkt) durch eine Schraube zusammengehalten werden. Die Schraube ist verschiebbar, so daß die beiderseitigen Schenkel in ein bestimmtes Verhältnis gebracht werden können. Bei größeren Arbeiten bedient man sich des *Storchschnabels* bzw. des *Pantographen*, dessen Prinzip im Bild 34.1 angedeutet ist. Dabei

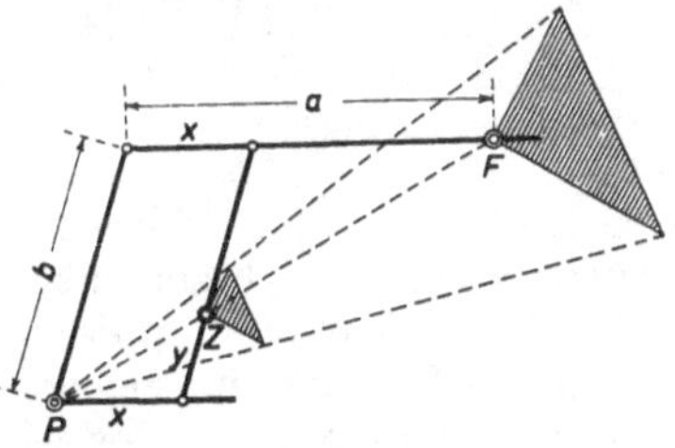

Bild 34.1 Pantograph

bedeuten die starken Linien hölzerne, besser eiserne Stangen und die gestrichelten Linien gedachte mathematische Geraden. Die einfachen Kreise sind Gelenke; die Doppelkreise stellen der Reihe nach von links nach rechts einen festzulegenden Pol, einen Zeichenstift und einen Fahrstift dar, die meistens gegeneinander ausgewechselt werden können.

Soll z. B. eine Zeichnung von 1:400 auf 1:1000 verkleinert werden, so errechnet man aus

$$\frac{PZ}{PF} = \frac{400}{1000} = \frac{2}{5} = \frac{x}{a} = \frac{y}{b}$$

die Strecken x und y, stellt die Gelenke entsprechend ein und umfährt die gegebene Figur mit dem Fahrstift; dann zeichnet der Zeichenstift die gewünschte Verkleinerung. Für etwaige Vergrößerungen sind Fahr- und Zeichenstift auszutauschen.

Das Bild 34.2 zeigt einen Präzisionspantographen der Firma Ott.

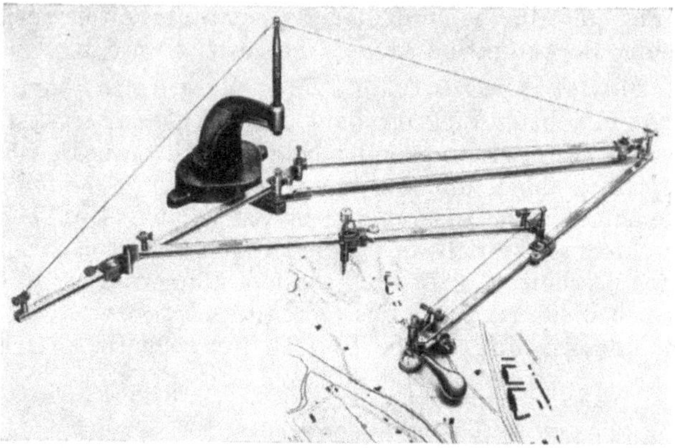

Bild 34.2 Präzisionspantograph

In neuerer Zeit sind Geräte entwickelt worden, die als *Optischer Pantograph*, *Lichtumzeichner* usw. bezeichnet werden. Bei diesen Geräten wird mit Hilfe einer photographischen Linse ein verkleinertes oder vergrößertes Bild auf eine zeichengerecht liegende Mattscheibe projiziert. Auf die Mattscheibe wird dann transparentes Papier gelegt, auf dem das Bild von Hand nachgezeichnet werden kann.

Die beste und bequemste Möglichkeit zur Maßstabsänderung bietet selbstverständlich die Reproduktionskamera. Doch sind mit diesen ziemlich kostspieligen Geräten nur größere Unternehmen oder Dienststellen ausgestattet.

4 Flächenberechnung

Wenn eine geschlossene geradlinig begrenzte Figur nach den Regeln des vorigen Abschnitts aufgenommen ist, so kann auch ihr Flächeninhalt berechnet werden. Das Berechnungsverfahren hängt ab von der Art der Aufmessung und von der Genauigkeit, die verlangt wird. Man unterscheidet

1. Flächenberechnung aus Maßzahlen,
2. halbgraphische Flächenermittlung,
3. graphische Flächenbestimmung.

41 Flächenberechnung aus Maßzahlen

41.1 Die Flächenberechnung aus Feldmaßen ist geboten, wenn die Fläche durch die Art der Aufmessung in Dreiecke, Trapeze und verschränkte Trapeze zerlegt werden kann. Dreiecke und Trapeze werden nach der Formel halbe Grundlinie bzw. Mittellinie mal Höhe berechnet. Ein verschränktes Trapez entsteht, wenn die Aufnahmelinie eine Grenzstrecke schneidet, so daß, wie das Bild 41.1 erkennen läßt, die benachbarten (schraffierten) Trapeze die Grenzstrecke entweder nicht erreichen oder überschneiden. Als Flächeninhalt gilt dann die Differenz der beiden Dreiecksflächen. Man erhält sie nach der Formel

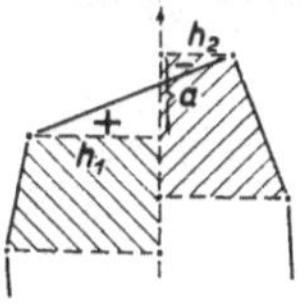

Bild 41.1 Verschränktes Trapez

$$F = {}^1/_2 a\,(h_1 - h_2),$$

in der a die Grundlinie, h_1 die innerhalb, h_2 die außerhalb der Figur liegende Höhe ist.

Um den in den Flächeninhaltsformeln auftretenden Faktor $^1/_2$ nicht ständig mitschleppen zu müssen, ist es üblich, zunächst den doppelten Flächeninhalt zu berechnen, und erst zum Schluß auf die einfache Fläche zu gehen. Falls nicht besonders hohe Genauigkeit verlangt wird, können die Faktoren auf volle dm abgerundet werden.

Beispiel: Berechnung des Flächenwertes des im Bild 31.1 S. 48 dargestellten Grundstückes.

a) Mitführen der cm	b) Abrundung auf volle dm
$3{,}72 \cdot 5{,}34 = 19{,}86$	$3{,}7 \cdot 5{,}3 = 19{,}6$
$51{,}40 \cdot 13{,}74 = 706{,}24$	$51{,}4 \cdot 13{,}7 = 704{,}2$
$21{,}18 \cdot 0{,}17 = 3{,}60$	$21{,}2 \cdot 0{,}2 = 4{,}2$
$13{,}59 \cdot 26{,}88 = 365{,}30$	$13{,}6 \cdot 26{,}9 = 365{,}8$
$52{,}81 \cdot 38{,}89 = 2053{,}78$	$52{,}8 \cdot 38{,}9 = 2053{,}9$
$9{,}90 \cdot 20{,}24 = 200{,}38$	$9{,}9 \cdot 20{,}2 = 200{,}0$
$3349{,}16 : 2$	$3347{,}7 : 2$
$F = 1674{,}58\ \text{m}^2$	$F = 1673{,}8\ \text{m}^2$

41.2 Die Flächenberechnung aus Koordinaten läßt sich ebenfalls sehr einfach an der im Bild 31.1 gegebenen Figur erläutern; doch denke man sich die Abszissenachse wie im Bild 41.2 so weit nach links verschoben, daß sie außerhalb der Figur liegt. Dann wird der Flächeninhalt der Figur erhalten, wenn von der Fläche 1′—1 —2 —3 —4 —4′ die Fläche 1′—1 —6 —5 —4 —4′ abgezogen wird. In Formeln gibt das

$$2F = (x_1 - x_2)(y_1 + y_2) + (x_2 - x_3)(y_2 + y_3) + (x_3 - x_4)(y_3 + y_4) + (x_4 - x_5)(y_4 + y_5) + (x_5 - x_6)(y_5 + y_6) + (x_6 - x_1)(y_6 + y_1)$$

oder $$2F = \sum (x_i - x_{i+1})(y_i + y_{i+1}) .$$

Würde man im Bild 41.2 statt der Ordinaten die Abszissen ausziehen und beim Aufstellen der Produkte von der Ordinatenachse ausgehen, so erhielte man

$$2F = \sum (y_{i+1} - y_i)(x_i + x_{i+1}) .$$

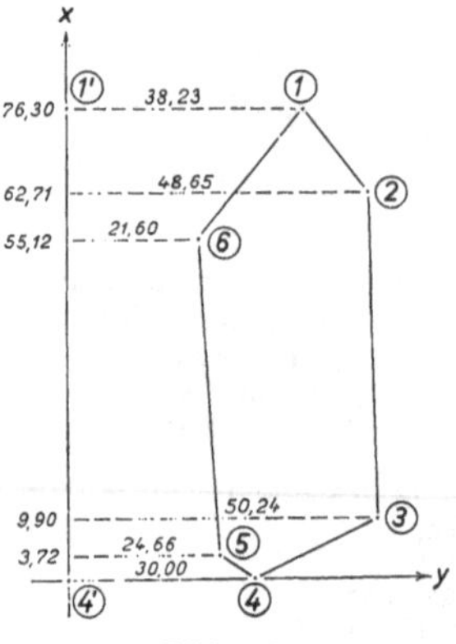

Bild 41.2

Diese beiden Formeln werden als „Gaußsche Trapezformeln“ bezeichnet. Multipliziert man die Produkte aus und ordnet zuerst nach steigenden x, dann nach steigenden y, so gewinnt man die beiden „Gaußschen Dreiecksformeln“:

$$2F = \sum x_i(y_{i+1} - y_{i-1}) = \sum y_i(x_{i-1} - x_{i+1}) .$$

Beispiel: Berechnung des Inhalts der Figur Bild 41.2 nach der 1. Dreiecksformel.

Punkt	y_i	x_i	$y_{i+1} - y_{i-1}$	$x_i \Delta y_i$
1	38,23			
2	48,65	62,71	+12,01	+753,15
3	50,24	9,90	—18,65	—184,64
4	30,00	0,00	—25,58	0,00
5	24,66	3,72	—8,40	—31,25
6	21,60	55,12	+13,57	+747,98
1	38,23	76,30	+27,05	+2063,92
2	48,65			3349,16:2
				$F = 1674{,}58\ \text{m}^2$

Zur Probe wiederhole man die Rechnung nach der 2. Dreiecksformel.

Beim Maschinenrechnen benutzt man zweckmäßig das aus Dänemark stammende *Ellingsche* Verfahren, bei dem im Falle der 1. Dreiecksformel die Δy_i und dem der 2. Formel die Δx_i durch „Umkurbeln" in der Maschine gebildet werden. Dazu schreibt man die Koordinaten ebenso nieder wie in dem obigen Zahlenspiel und verbindet sie auf die nachstehend gezeigte

Punkt	y_i	x_i
1	+38,23	
2	+48,65	62,71
3	+50,24	9,90
4	+30,00	0,00
5	+24,66	3,72
6	+21,60	55,12
1	+38,23	76,30
2	+48,65	

Ergebnis: $2F = 3349{,}16\ \text{m}^2$
$F = 1674{,}58\ \text{m}^2$

Weise mit einer durchlaufenden und einer gestrichelten Zickzacklinie. Die Rechnung läuft dann im Falle der 1. Dreiecksformel folgendermaßen ab:

Stelle im Umdrehungszählwerk (U) y_1 und im Einstellwerk (E) x_2 ein und kurbele so lange, bis in U y_3 erscheint. Dann bringe x_4 in E und kurbele in U y_3 in y_5 um. So fortfahrend folge zunächst der durchgezogenen Zickzacklinie von y_1 bis y_1. Dann durchlaufe die Tabelle längs der gestrichelten Linie von y_2 bis y_2. Läßt man alle Produkte in der Maschine auflaufen, erscheint im Resultwerk 2F. Zur Probe wiederhole man die Rechnung nach der 2. Dreiecksformel. Bei wechselndem Vorzeichen der Koordinaten verschiebe man den Koordinatenanfangspunkt so, daß alle Koordinaten positiv sind.

42 Halbgraphische Flächenermittlung

Die halbgraphische Flächenermittlung (Bild 42.1) beruht auf folgender Überlegung: Es seien in einem Dreieck mit kurzer Grundlinie a und langer Höhe h die Grundlinie um da, die Höhe

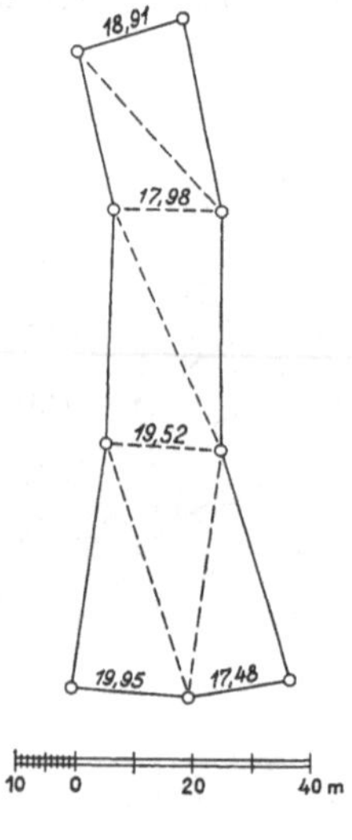

Bild 42.1

um dh unrichtig. Dann ist der Flächenfehler d$F = 1/2$ (a dh + h da). Um dF klein zu halten, muß in erster Linie der mit der großen Zahl h multiplizierte Fehler da der kurzen Seite a klein gehalten werden.

Die halbgraphische Flächenberechnung ist angebracht, wenn das zu berechnende Grundstück sich in schmale Dreiecke zerlegen läßt, deren kurze Grundlinien im Felde genau gemessen sind, während ihre langen Höhen (mit minderer Genauigkeit) aus einem maßstäblichen Plan abgegriffen werden können. Es ist daher sehr nützlich, wenn im Felde bei schmalen Grundstücken Steinbreiten und Kopfmaße gemessen werden. Für die Entnahme der Höhen aus dem Plan benutzt man entweder einen Maßstab oder die in 43.1 zu beschreibende Parallelglastafel.

Beispiel: Im Bild 42.1 ist $2F = 19{,}25 \cdot 42{,}0 + 17{,}48 \cdot 40{,}2 + 19{,}52 \cdot 81{,}6 + 17{,}98 \cdot 66{,}6 + 18{,}91 \cdot 33{,}0 = 4955$; $F = 2478$ m^2.

43 Graphische Flächenbestimmung mit einfachen Hilfsmitteln

Die graphische Flächeninhaltsbestimmung wird angewendet, wenn die Flächenberechnung aus Feldmaßen oder Koordinaten oder mit teilweiser Verwendung von Urmaßen nicht möglich oder zu umständlich ist, oder wenn eine dieser Flächenberechnungen unabhängig verprobt werden soll. Je nach der Form der auszumessenden Figuren unterscheidet man folgende Verfahren:

43.1 Figuren mit glatten Grenzen werden in Dreiecke oder Trapeze zerlegt, deren Grundlinien und Höhen dem Plan mit einem Anlegemaßstab oder mit Hilfe einer Parallelglastafel entnommen werden.

Die *Parallelglastafel* (Bild 43.1) gestattet auch die Ausmessung von Vierecken. Oftmals sind die Parallelen nur mit den einem bestimmten Maß entsprechenden halben Werten beziffert. Dann gibt das Produkt aus Grundlinie mal Höhe sofort die einfache (nicht die doppelte) Dreiecksfläche. Im Bild 43.1 ist

$$F = 37{,}1 \cdot 14{,}7 = 533 \text{ m}^2.$$

Mit der *Clothschen Hyperbeltafel* (Bild 43.2) wird an Stelle von Grundlinie und Höhe sofort ihr Produkt erhalten. Die Tafel trägt, da nach der Asymptotengleichung der Hyperbel das Produkt aus den auf die Asymptoten bezogenen Koordinaten einer

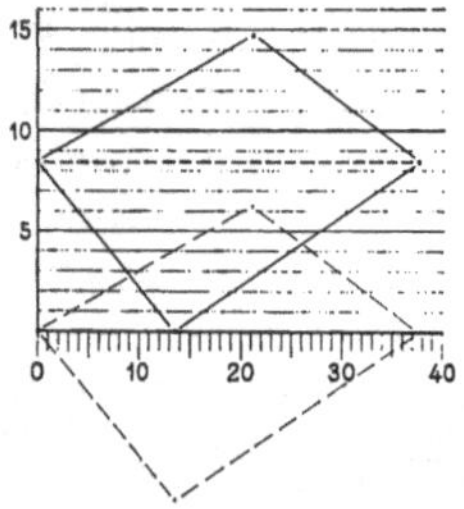

Bild 43.1 Parallelglastafel

gleichseitigen Hyperbel für jeden ihrer Punkte konstant ist, auf ihrer Unterseite zwei Scharen von gleichseitigen Hyperbeln, die entsprechend dem Wert der Konstanten in Quadratmillimetern Papierfläche oder — für einen bestimmten Maßstab — in Quadratmetern Feldfläche beziffert sind. Bei einer von Hermann angegebenen Hyperbeltafel schließen die Asymptoten einen Winkel von 50^g ein.

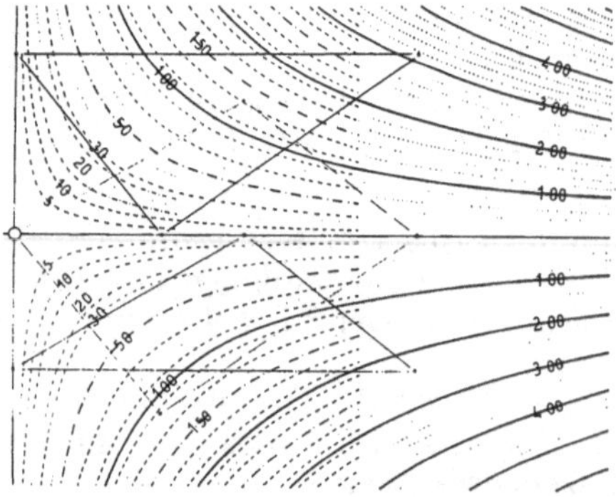

Bild 43.2 Hyperbeltafel

Beispiel: Im Bild 43.2 ist die Mittelasymptote zuerst auf die Diagonale des Vierecks gelegt (gestrichelte Lage). Darauf wurde die Tafel längs eines an der linken Tafelkante angelegten Lineals nach oben und nach unten verschoben, so daß sich für die beiden Dreiecke die voll ausgezogenen Lagen ergaben. An den freien rechten Ecken der Dreiecke konnten dann ihre Flächeninhalte zu 315 bzw. 235 m² abgelesen werden. Also ist $F = 550$ m² gegen 553 m² mit der Parallelglastafel.

43.2 Unregelmäßig gestaltete Figuren lassen sich mit Hilfe einer Quadratglastafel (Bild 43.3) erfassen. Die Quadratglastafel trägt auf ihrer Unterseite ein Netz von Millimeter-, Halbzentimeter- und Zentimeterquadraten; sie wird so auf die Zeichnung gelegt, daß der Papierflächeninhalt der Figur durch Auszählen der Quadrate erhalten werden kann.

Zweckmäßig zerlegt man die Figur, wie im Bild 43.3 angedeutet ist, in Streifen von 1 cm Höhe und mißt jeden einzelnen dieser Streifen in der Weise aus, daß man die Länge der Mittellinie an der Millimeterteilung der 5 mm-Linien abliest. Dazu wird die Glasplatte entlang eines Lineals in jedem der Zentimeterstreifen so lange seitlich verschoben, bis ein Ende der Mittellinie mit einem Zentimeterstrich zusammenfällt. Überschießende oder fehlende Teile der Figur werden nach Augenmaß ausgeglichen oder in Quadratmillimeter ausgezählt. Auf die Feldfläche wird mit Hilfe des Maßstabverhältnisses übergegangen.

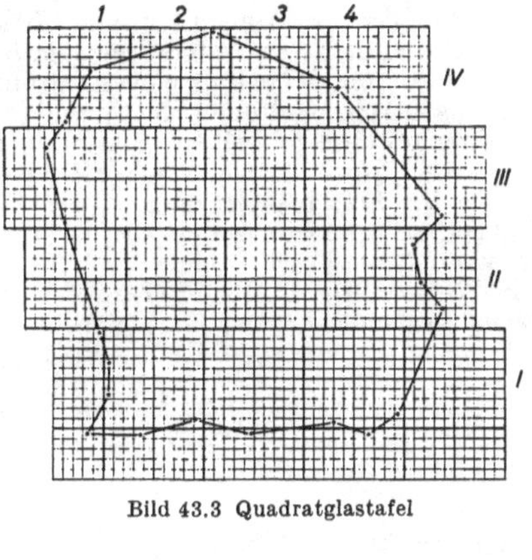

Bild 43.3 Quadratglastafel

Beispiel:

		mm²
Streifen I (links nach rechts)	=	310
Streifen II (rechts nach links	=	342
Streifen III (links nach rechts)	=	355
IV/1 + IV/2 + IV/3 + IV/4 = 33 + 84 + 66 + 10	=	193
Ganze Papierfläche	=	1200

43.3 Langgestreckte Figuren lassen sich am besten mit einer Planimeterharfe (Bild 43.4) erfassen. Die Planimeterharfe besteht aus einem Pausblatt mit einer Schar von Parallelen im Abstand h, das etwa rechtwinklig zur Längserstreckung der auszumessenden Figur so auf die Zeichnung gelegt wird, daß lauter kleine Trapeze entstehen. Sind $m_1, m_2 \ldots m_n$ die Mittellinien dieser Trapeze, so ist der Flächeninhalt der Figur

$$F = hm_1 + hm_2 \ldots + hm_n = h \sum m .$$

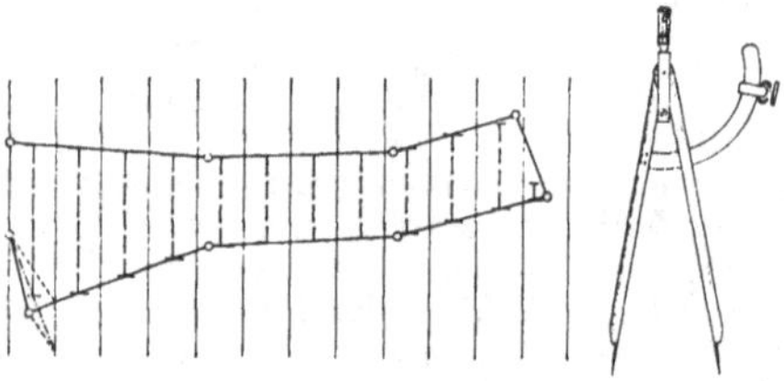

Bild 43.4 Planimeterharfe

Die einzelnen Mittellinien werden mit einem Zirkel erfaßt und mechanisch in der Weise addiert, daß zuerst m_1 abgegriffen, dann der geöffnete Zirkel bei der zweiten Mittellinie eingesetzt und um m_2 weiter geöffnet wird usw., bis die Zirkelöffnung die Summe aller m enthält. Ein Vergleich der Zirkelöffnung mit einem passenden Maßstab ergibt dann den Zahlenwert von $\sum m$. Überschießende Stücke am Anfang oder Ende der auszumessenden Fläche sucht man — wie das Bild zeigt — durch Flächenausgleich zu erfassen. Ändert die auszumessende Fläche ihre Richtung, so kann dem durch Drehen der Harfe Rechnung getragen werden. Die Planimeterharfe, ein im Vergleich zur Quadratglastafel sehr preiswertes Hilfsmittel, wird für alle wichtigeren Maßstäbe gefertigt, so daß die Rechnung von vornherein auf die Feldflächen abgestellt werden kann.

In dem stark verkleinerten Bild 43.4 ist $h = 10$. $\sum m$ ergab sich zu 247,5, so daß $F = 2475$ m² ist. Beim halbgraphischen Verfahren im Bild 42.1 wurde 2478 m² erhalten.

44 Mechanisch-graphische Flächenbestimmung mit dem Polarplanimeter

44.1 Beschreibung und Wirkungsweise. Das Polarplanimeter (Bild 44.1) ist ein mechanisches Integrationsinstrument, das es erlaubt, den Flächeninhalt einer gezeichneten Figur durch Abfahren ihrer Begrenzungslinien zu ermitteln.

Das Polarplanimeter besteht, wie die schematische Darstellung Bild 44.2 verdeutlichen soll, aus dem Fahrarm GF und dem Polarm GP, die beide durch das Kugelgelenk G miteinander verbunden sind. Der Polarm ruht mit einem kurzen Ansatz in dem von G um die Strecke p entfernten Pol, der bei der Um-

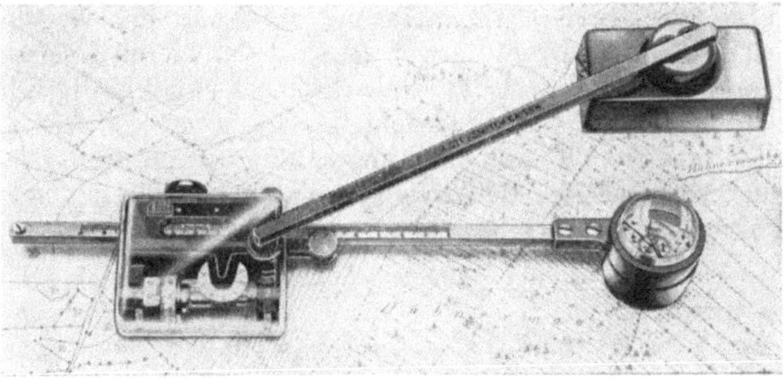

Bild 44.1 Polarplanimeter

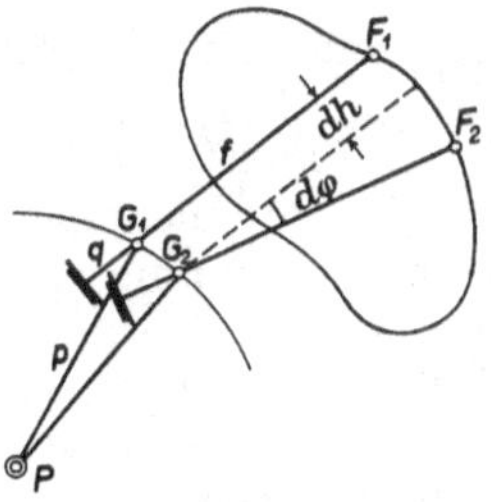

Bild 44.2 Pol außerhalb der Fläche

fahrung einer Figur mit einem Gewicht oder einer Nadel auf dem Plan festgelegt wird. Der Fahrarm trägt an seinem freien Ende in der Entfernung f von G den Fahrstift F und jenseits des Gelenks in der Entfernung q von G die Integrierrolle, die auf einer zum Fahrarm parallelen Welle befestigt ist. In der schematischen Darstellung ist die Rolle jedoch, um ihre Wirkungsweise einfacher erläutern zu können, so gezeichnet, als wenn sie in der Entfernung q vom Gelenk in der Achse des Fahrarms angebracht wäre.

Während der Fahrstift auf der Begrenzungslinie der auszumessenden Figur entlanggeführt wird, bewegt das Gelenk sich infolge der starren Verbindung mit dem Pol auf einem Kreis mit p um den Pol. Eine differentielle Bewegung des Fahrarms läßt sich in eine Parallelverschiebung und eine Drehung zerlegen. Bei einer Parallelverschiebung um $\mathrm{d}h$ überstreicht der Fahrarm das Flächenelement $f \cdot \mathrm{d}h$, während die Rolle sich um $\mathrm{d}h$ abwickelt. Bei einer Drehung um $\mathrm{d}\varphi$ wird der kleine Kreissektor $^1/_2 f^2 \,\mathrm{d}\varphi$ überdeckt, und die Rolle dreht sich rückläufig um das Stück $-q\,\mathrm{d}\varphi$. Es besteht infolgedessen, wenn $\mathrm{d}F$ die durch Parallelverschiebung *und* Drehung erfaßte differentielle Fläche und $\mathrm{d}a$ die entsprechende Abwicklung an der Rolle ist, folgender Zusammenhang:

	Flächenelement	Rollenabwicklung
Parallelversch.	$f\mathrm{d}h$	$\mathrm{d}h$
Drehung	$^1/_2 f^2 \mathrm{d}\varphi$	$-q\mathrm{d}\varphi$
Mithin	$\mathrm{d}F = f\mathrm{d}h + {}^1/_2 f^2 \mathrm{d}\varphi$	$\mathrm{d}a = \mathrm{d}h - q\mathrm{d}\varphi$
		und $\mathrm{d}h = \mathrm{d}a + q\mathrm{d}\varphi$

oder wenn $\mathrm{d}h$ links eingesetzt wird,

$$\mathrm{d}F = f\mathrm{d}a + (fq + {}^1/_2 f^2)\mathrm{d}\varphi\,.$$

Bildet man schließlich die Summe aller $\mathrm{d}F$, so wird, da die Summe aller $\mathrm{d}a$ gleich a, die Summe aller $\mathrm{d}\varphi$ gleich $\int \mathrm{d}\varphi$ ist*,

$$F = fa + \left(fq + \frac{1}{2} f^2\right) \int \mathrm{d}\varphi + C\,,$$

wobei C eine noch zu bestimmende Integrationskonstante ist. Für die Weiterbehandlung sind zwei Fälle zu unterscheiden:

Erster Fall: Der Pol befindet sich außerhalb der auszumessenden Figur (Bild 44.2). In diesem Fall bewegt der Fahrarm sich bei der Umfahrung teils vorwärts, teils rückwärts und gelangt schließlich wieder in seine Ausgangslage, so daß $\int \mathrm{d}\varphi = 0$ ist. Die vom Fahrarm überstrichene Fläche F ist gleich der vom Fahrstift umfahrenen Fläche. Damit wird, wenn u der Rollenumfang, n die Anzahl der Rollenumdrehungen ist,

* Der Leser, dem die Integralrechnung nicht geläufig ist, betrachte das Zeichen $\int$ einfach als Summenzeichen.

$$F = fa = fun = kn\,,$$

wobei die Konstante $k = fu$ ist und n erhalten wird, indem man die Anfangsablesung von der Schlußablesung an der Rolle abzieht.

Zweiter Fall: Der Pol befindet sich innerhalb der auszumessenden Figur (Bild 44.3). In diesem Falle wird der Polkreis

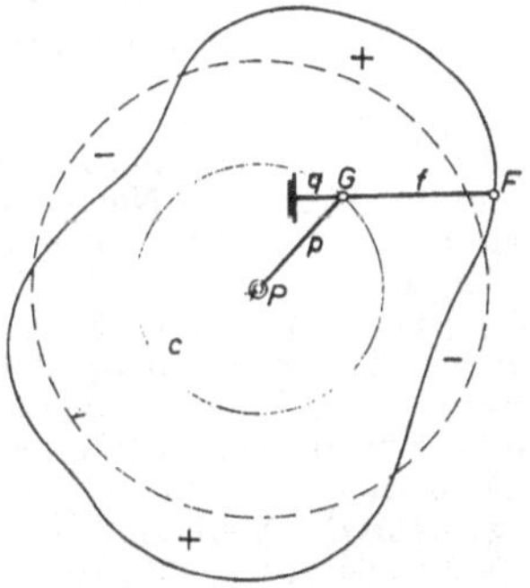

Bild 44.3 Pol innerhalb der Fläche

einmal umfahren. Also ist $\int d\varphi = 2\pi$. Zu der vom Fahrarm überfahrenen Fläche kommt ferner der Inhalt des Polkreises mit $p^2\pi$ hinzu. Also ist

$$F = fa + (fq + {}^1/_2 f^2)2\pi + p^2\pi = fa + (f^2 + p^2 + 2fq)\pi = kn + F_G\,.$$

Um F_G geometrisch zu deuten, betrachte man an Hand des Bildes 44.4 den Sonderfall, daß der Pol P in der verlängerten Rollenebene liegt. Dann ist, wenn die Fahrweite PF in dieser Stellung mit c bezeichnet wird,

$$c^2 = p^2 - q^2 + (f + q)^2 = f^2 + p^2 + 2fq\,,$$
$$c^2\pi = (f^2 + p^2 + 2fq)\pi = F_G\,.$$

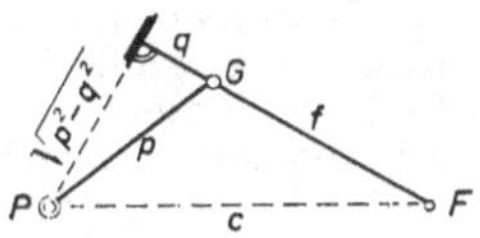

Bild 44.4

F_G entspricht also der Fläche eines Kreises mit dem Halbmesser c; dieser wird zur Unterscheidung vom Polkreis mit dem Halbmesser p als Grundkreis bezeichnet. Mithin gilt für die Flächenberechnung mit dem Polarplanimeter bei Pol innerhalb der Figur

$$F = F_G + kn\,.$$

Ist die auszumessende Fläche etwas kleiner als die des Grundkreises, wickelt die Rolle sich rückwärts ab, so daß n negativ wird.

44.2 Bestimmung der Fahrarmlänge. Die Integrierrolle R ist in 100 Teile geteilt; sie kann mit Hilfe eines Nonius auf $^1/_{10}$ Teil oder $^1/_{1000}$ Rollenumdrehung abgelesen werden. Eine Zählscheibe zählt die vollen Umdrehungen. Es werden also an der Scheibe die Tausender, an der Rolle Hunderter und Zehner, am Nonius die Einer abgelesen. Damit die Noniuseinheit einem runden Flächenwert entspricht, kann die Länge des Fahrarms dadurch verändert werden, daß man den Rahmen, der Gelenk und Rolle trägt, auf dem Fahrarm verschiebt. Die Firmen pflegen dem Planimeter eine Tabelle beizugeben, auf der angegeben ist, wie der Fahrarm einzustellen ist, wenn die Noniuseinheit bei einem bestimmten Kartenmaßstab einer Feldfläche von 10, 20, 40 $\cdots$ m^2 entsprechen soll. Fehlt die Tabelle, so muß die Fahrarmeinstellung mit Hilfe einer Vergleichsfläche von bekanntem Flächeninhalt F_0 errechnet werden.

Es sei n_0 die Sollabwicklung der Rolle, die sich ergibt, wenn man F_0 durch den für die Noniuseinheit gewählten Wert (d. h. 10, 20, 40 $\cdots$ m^2) dividiert; ferner sei f_0 die gesuchte Solleinstellung am Fahrarm. Man umfahre nun die Vergleichsfläche mit einer vorläufigen — also verbesserungsbedürftigen — Fahrarmeinstellung f_1 und erhält dann statt der Sollablesung n_0 die vorläufige Ablesung n_1. Dann wird, wenn u wieder der Rollenumfang ist

$$F_0 = f_0 u n_0 = f_1 u n_1 \qquad \text{oder} \qquad \frac{f_0}{f_1} = \frac{n_1}{n_0}\,.$$

Korrespondierende Subtraktion gibt

$$\frac{f_0 - f_1}{f_1} = \frac{n_1 - n_0}{n_0} \qquad \text{oder} \qquad \Delta f = \frac{n_1 - n_0}{n_0} f_1\,.$$

Δf ist der Betrag, um den der Fahrarm in Einheiten der Fahrarmteilung bei zu kleinem n_1 zu verkürzen, bei zu großem n_1 zu verlängern ist. Zur Probe wird die Vergleichsfläche noch einmal umfahren. Dann muß das Produkt aus dem Wert der Noniuseinheit mal der Anzahl der abgelesenen Noniuseinheiten — das ist unser obiger Ausdruck kn — den Sollinhalt der Vergleichsfläche ergeben. Ist das noch nicht ganz erreicht, so ist das Verfahren zu wiederholen.

Man beachte:

a) Der Fahrarm ist meistens in Halbmillimeter eingeteilt; auch liegt der Nullpunkt der Teilung meistens nicht im Gelenk; das ist aber unbeachtlich, weil allein die Verschiebung Δf in Einheiten der Fahrarmteilung benötigt wird.

b) Zum Gewinnen einer Probefläche ist den Planimetern oftmals ein Probelineal beigegeben, mit dem eine Kreisfläche von bekanntem Flächeninhalt (z. B. 100 cm^2) erzeugt werden kann. Besser nimmt man ein Dezimeterfeld aus dem Quadratnetz der benutzten Karte als Vergleichsfläche, weil dann eine etwaige Ausdehnung oder Schrumpfung des Zeichenpapiers miterfaßt wird.

44.3 Bestimmung der Grundkreisfläche F_G. Um die geometrische Bedeutung des Grundkreises augenfällig zu machen, berechne man den Halbmesser c des Grundkreises, zeichne den Grundkreis um den Pol als Mittelpunkt und führe den Fahrstift des Planimeters so, daß er sich bald innerhalb, bald außerhalb des Grundkreises bewegt. Dann sieht man, daß die Ablesung beim Abfahren von Linien außerhalb des Grundkreises zunimmt und bei inneren Linien abnimmt. Führt man den Fahrstift auf dem Grundkreis entlang, so gleitet die Rolle, ohne sich abzuwickeln. Die Rolle mißt also Zuschläge und Abzüge gegenüber der Grundkreisfläche.

Der Flächeninhalt des Grundkreises ist in der Regel auf der dem Planimeter von der Herstellerfirma beigegebenen Tabelle verzeichnet. Fehlt dieser Angabe oder muß sie überprüft werden, so bestimmt man den Wert k der Noniuseinheit und umfährt eine Fläche F_0 bekannten Inhalts, die etwa so groß ist wie die des Grundkreises. Dann ist $F_G = F_0 - kn$.

Die Grundkreisfläche kann nur mit einer ziemlich großen Unsicherheit bestimmt werden. Diese Unsicherheit geht aber in ihrer ganzen Größe in die gesuchte Fläche ein. Weil außerdem bei Umfahrungen in der Nähe des Grundkreises die Rolle öfter ins Gleiten kommt (vgl. 44.4b), mißt man mit Pol innerhalb der Figur nur bei mäßigen Genauigkeitsansprüchen und zerlegt große Flächen lieber in mehrere Teile, die man einzeln mit Pol außerhalb umfährt.

44.4 Regeln für den Gebrauch des Polarplanimeters.

a) Der gefährlichste Fehler des Planimeters ist die Rollenschiefe; sie liegt vor, wenn die Rollenachse der Achse des Fahrarms nicht genau parallel ist. Um den dadurch bedingten regelmäßigen Fehler auszuschalten, bringt man die Meßrolle bei unveränderter Polstellung für eine zweite Umfahrung in eine zur Ausgangslage des Fahrarms symmetrische Lage und erhält im Mittel aus beiden Umfahrungen ein von den Auswirkungen der Rollenschiefe freies Ergebnis (Bild 44.5). Alle neueren Planimeter sind aus diesem Grunde so gebaut, daß man den Fahrarm unter dem Polarm hindurchführen kann (Kompensationsplanimeter).

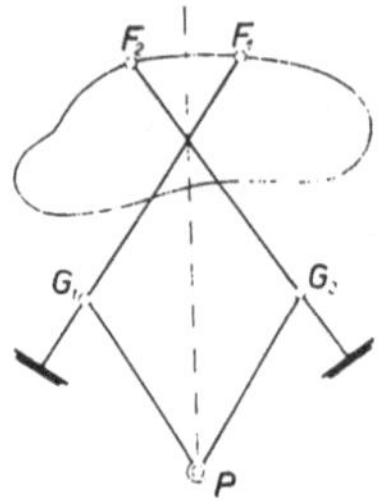

Bild 44.5 Gebrauch des Kompensationsplanimeters

b) Bei Bewegungen senkrecht zur Richtung des Fahrarms dreht sich die Rolle, bei Bewegungen in Richtung des Fahrarms gleitet sie. Beim Übergang vom Rollen zum Gleiten muß ein toter Punkt überwunden werden, was zumal bei rauhem Papier eine zweite Fehlerquelle bedeutet. Um das Gleiten nach Möglichkeit auszuschalten, stelle man das Planimeter mit Pol außerhalb so auf, daß der Grundkreis durch den Schwerpunkt der Figur geht und sie in ihrer größten Ausdehnung durchschneidet.

c) Die Noniuseinheit wählt man nach Möglichkeit so. daß man einen langen Fahrarm erhält, weil sich extreme Lagen, in denen die Rolle gleitet, bei langem Fahrarm leichter vermeiden lassen und weil die Möglichkeit zur Anhäufung regelmäßiger Fehler bei langem Fahrarm geringer ist als bei kurzem Fahrarm.

d) Jede Fläche umfahre man mindestens je einmal, kleine Flächen je zweimal in beiden Rollenlagen.

e) Auch geradlinig begrenzte Figuren umfahre man mit der freien Hand. Zuhilfenahme eines Lineals hat meistens beträchtliche regelmäßige Fehler zur Folge.

Beispiele: Messungen mit einem Kompensationsplanimeter.

1. Bestimmung der Fahrarmlänge für die Noniuseinheit $k = 10\ \text{m}^2$.

In einem Katasterplan 1:1000 wurde 1 dm², also eine Sollfläche F_0 von 10000 m² mit der (vorläufigen) Fahrarmeinstellung $f_1 = 327{,}2$ fünfmal in beiden Rollenlagen umfahren.

Lage I	n	Lage II	n
0443,5		0741,5	
	997,0		998,5
1440,5		1740,0	
	995,0		997,5
2435,5		2737,5	
	997,5		996,5
3433,0		3734,0	
	996,5		998,0
4429,5		4732,0	
	996,0		998,0
5425,5		5730,0	
Mittel:	996,4		997,7; $n_1 = 997{,}05$

Dann ist:

$$n_0 = \frac{F_0}{k} = \frac{10000\ \text{m}^2}{10\ \text{m}^2} = 1000\,,$$

$$\Delta f = f_1 \frac{n_1 - n_0}{n_0} = 327{,}2\ \frac{997{,}05 - 1000}{1000} \approx -0{,}96\,.$$

Die verbesserte Fahrarmeinstellung ergibt sich zu:

$$f_0 = f_1 + \Delta f = 327{,}2 - 0{,}96 \approx 326{,}2\,.$$

Zur Kontrolle wurden die gleichen Messungen mit verbesserter Fahrarmeinstellung wiederholt. Dabei war $n_1 = 1000{,}1$ und $\Delta f = +\,0{,}03$. Die geringe Verbesserung von 0,03 läßt sich am Fahrarm nicht mehr einstellen.

2. Bestimmung einer Fläche mit Pol außerhalb der Fläche.

Mit der verbesserten Fahrarmeinstellung $f_0 = 326{,}2$ und dem Wert der Noniuseinheit $k = 10\ \text{m}^2$ wurde in einem Katasterplan 1:1000 ein Flurstück viermal in beiden Lagen ausgemessen.

Lage I	n	Lage II	n
0787,5		0434,5	
	237,5		238,5
1025,0		0673,0	
	239,0		239,0
1264,0		0912,0	
	238,0		240,0
1502,0		1152,0	
	239,0		239,5
1741,0		1391,5	
Mittel:	238,4		239,2; $n = 238{,}8$.

Also ist $F = nk = 238{,}8 \cdot 10\ \text{m}^2 = 2388\ \text{m}^2$.

3. Bestimmen der Fläche des Grundkreises.

Der Pol befindet sich innerhalb der auszumessenden Figur. Verlangt ist die Bestimmung der

$$\text{Grundkreisfläche } F_G \text{ für } f = 326{,}2 \text{ und } k = 10\,\text{m}^2 .$$

Hierzu wurde eine Fläche $F = 160000\,\text{m}^2$ fünfmal in beiden Lagen umfahren:

Lage I	n*)	Lage II	n
0414,0		0545,5	
	—6953,0		—6955,0
3461,0		3590,5	
	—6956,0		—6952,5
6505,0		6638,0	
	—6950,5		—6953,0
9554,5		9685,0	
	—6955,0		—6951,5
2599,5		2733,5	
	—6954,0		—6950,5
5645,5		5783,0	
Mittel:	—6953,7		—6952,5; n = —6953,1

Dann ist

$$F_G = F - nk = 160000\,\text{m}^2 + 69531\,\text{m}^2 = 229531\,\text{m}^2 .$$

44.5 Besondere Planimeterformen. Um den Einfluß von Unregelmäßigkeiten des Papiers auf die Meßrolle unschädlich zu machen, werden Scheiben- und Kugelpolarplanimeter gebaut, bei denen die Rolle sich auf einer Scheibe bzw. auf einer Kugelkalotte abwickelt. Für die Ausmessung langgestreckter Figuren benötigt man die Linearplanimeter, bei denen der Pol im Unendlichen liegt, so daß das Gelenk G sich auf einer Geraden bewegt. Sie besitzen entweder Schienen- oder Walzenführung. Im letzteren Falle heißen sie Rollplanimeter. Eine sehr zweckmäßige Kombination von Polar- und Rollplanimeter wird als Universalplanimeter bezeichnet.

45 Genauigkeit der Flächenbestimmung

45.1 Verprobung der Flächenbestimmungen. Da bei der Berechnung des Flächeninhalts leicht Rechenfehler unterlaufen können, ist es nützlich, jede Fläche zweimal, möglichst auf verschiedenen Wegen,

* Bei der Umfahrung achte man darauf, ob das Zählwerk positiv oder negativ zählt. In obigem Fall wickelte die Rolle sich bei rechtsläufiger Umfahrung rückwärts ab, so daß n negativ ist. Die Fläche F ist also kleiner als die Grundkreisfläche F_G.

zu berechnen. Sind beide Berechnungen gleichwertig — z. B. beide graphisch — so wird das Mittel aus beiden Rechnungen angehalten; ist eine Berechnung höherwertig, z. B. auf Feldmaße gegründet, so wird die geringerwertige lediglich als Kontrolle betrachtet.

Bei der Berechnung zusammenhängender Grundstückslagen wird zweckmäßig als weitere Sicherung eine sog. Massenberechnung durchgeführt, bei der der Flächeninhalt des gesamten Komplexes ermittelt wird. Auf das Ergebnis dieser Massenberechnung wird die Summe der Flächeninhalte der einzelnen Grundstücke in der Weise abgestimmt, daß der Widerspruch auf die Einzelgrundstücke entsprechend ihrer Größe verteilt wird. Gelegentlich der Massenberechnung kann auch ein etwaiges Verziehen des Zeichenträgers berücksichtigt werden, ebenso auch eine durch die Art der Abbildung hervorgerufene Projektionsverzerrung, wie sie z. B. bei der Gaußschen Abbildung entstehen kann. Wegen der Berechnung dieser als Flächenreduktion bezeichneten Verzerrung vgl. Band II (1971) Ziff. 62.4.

45.2 Gegenüberstellung der Flächenbestimmungsverfahren. Um in jedem Falle das zweckmäßigste Verfahren einsetzen und etwa auftretende Widersprüche richtig beurteilen zu können, muß man die Besonderheiten der einzelnen Verfahren und ihre Fehlerquellen kennen.

a) *Die Flächenbestimmung aus Feldmaßen.* Sind in einem Dreieck die Grundlinie a und die Höhe h um da bzw. dh unsicher, dann ist die Unsicherheit der Fläche

$$\mathrm{d}F = \frac{1}{2}\,(a\mathrm{d}h + h\mathrm{d}a)\,.$$

Entsprechend ist in einem Trapez mit den beiden Grundseiten a und b

$$\mathrm{d}F = \frac{1}{2}\,(a + b)\mathrm{d}h + h(\mathrm{d}a + \mathrm{d}b)\,.$$

Entscheidend für die Genauigkeit ist immer die Schärfe, mit der der kleinere Faktor bestimmt ist.

Wenn die Flächeninhaltsberechnung aus zahlreichen Einzelprodukten besteht, werden die Fehler sich bei der Aufsummierung weitgehend tilgen, so daß die Unsicherheit des Endergebnisses nur mit der Wurzel aus der Anzahl der Produkte (bzw. mit der Wurzel aus der Fläche) zunimmt.

b) *Die halbgraphische Flächenberechnung* steht an Genauigkeit der Flächenberechnung aus Feldmaßen wenig nach, sofern es sich um schmale Figuren mit im Felde gemessenen Grundlinien handelt.

c) *Genauigkeit der graphischen Flächenbestimmung* ist abhängig vom Maßstab und der Maßhaltigkeit des Plans, von dem verwendeten Werkzeug und der Geschicklichkeit des Bearbeiters.

Der Flächenmaßstab ist bekanntlich das Quadrat des Längenmaßstabs. Geht man z. B. vom Maßstab 1:500 auf 1:1000 über, so gehen alle Papierlängen auf die Hälfte, alle Papierflächen auf ein Viertel zurück. Einem Fehler in der Erfassung der Papierfläche entspricht bei dem kleineren Maßstab eine viermal größere Feldfläche, d. h. die Genauigkeit geht — gleiche Zeichenschärfe vorausgesetzt — im Quadrat zu dem Maßstabsverhältnis zurück.

Die Maßhaltigkeit des Plans hängt ab vom Zeichenträger. Gewöhnlicher Zeichenkarton kann vor allem infolge Feuchtigkeitsänderung entweder schrumpfen oder sich ausdehnen, und zwar oftmals in verschiedenen Richtungen um verschiedene Beträge. Zweckmäßig ermittelt man die Papierveränderung in den beiden Richtungen anhand des Quadratnetzes und drückt sie in Prozenten aus. Sind a und b die dem Plan entnommenen Seiten eines Rechtecks und $p\%$ und $q\%$ die Papierveränderungen, so ist im Falle des Schrumpfens

$$F = ab\left(1 + \frac{p}{100}\right)\left(1 + \frac{q}{100}\right) = ab\left(1 + \frac{p}{100} + \frac{q}{100} + \frac{pq}{10000}\right),$$

oder bei Verzicht auf den sehr kleinen Ausdruck am Schluß

$$F = ab + ab\,\frac{p + q}{100},$$

d. h. die aus a und b berechnete Fläche ist um $(p + q)\%$ unrichtig. Bei gewöhnlichem Zeichenkarton hat man mit Längenänderungen bis zu $3^0/_{00}$ zu rechnen.

Die kleinen Flächenberechnungshilfsmittel liefern immer dann gute Ergebnisse, wenn sie zweckentsprechend eingesetzt werden. Die genauesten Werte ergibt erfahrungsgemäß die Quadratglastafel. Erstaunlich gute Werte liefert jedoch auch die Planimeterharfe bei der Flächeninhaltsermittlung von Wegen, Flußläufen usw.

Beim Polarplanimeter hängt neben der gewissenhaften Beachtung der in 44.4 gegebenen Regeln sehr viel von der Geschicklichkeit und der ruhigen Hand des Bearbeiters ab. Im übrigen liefert das Planimeter um so günstigere Ergebnisse, je kleiner der Umfang einer Figur im Verhältnis zu ihrem Flächeninhalt ist. Es ist deshalb zur Berechnung von langen schmalen Ackerstücken, von Wegen und Wasserläufen nicht geeignet.

Wie bei den Zeichengeräten [33.3] zeichnet sich auch hier eine allmähliche Automatisierung ab. Das erste Gerät dieser Art war das Planimeter Z 80 von Zuse. Bei ihm ist die Meßrolle mit einer Impulsscheibe verbunden, deren Impulse an einem elektronischen Zähler abgegeben und dort gespeichert werden. Der Inhalt der umfahrenen Flächen wird dann in Zahlen, im Druck oder auf einem Lochstreifen ausgegeben.

Sind die Koordinaten der Eckpunkte der Fläche mit den in 33.3 genannten Koordinatenlesern ermittelt, so können die Koordinaten zur Flächenberechnung einem Computer eingegeben werden.

45.3 Fehlergrenzen. Auf Grund langjähriger Erfahrungen haben die Vermessungsverwaltungen Fehlergrenzen festgelegt, die angeben, um wieviel zwei unabhängige Flächeninhaltsberechnungen derselben Figur voneinander abweichen dürfen. Den Fehlergrenzen ist gem. 14.9 das 3- bis 4fache des mittl. Fehlers zugrunde gelegt, so daß die zu erwartende Unsicherheit nur ein Drittel der nachstehenden Werte beträgt.

Zulässige Abweichungen sind bei Berechnung aus

Feldmaßen $f_A = 0{,}2\sqrt{F} + 0{,}0003\,F$

Feldmaßen + Karten 1:500 $f_B = 0{,}3\sqrt{F} + 0{,}0003\,F$

Feldmaßen + Karten 1:1000 $f_C = 0{,}4\sqrt{F} + 0{,}0003\,F$

Feldmaßen + Karten 1:2000 $f_D = 0{,}6\sqrt{F} + 0{,}0003\,F$

Kartenmaßen 1:2000 $f_E = 1{,}2\sqrt{F} + 0{,}0003\,F$.

Nach diesen Formeln wurde nachstehende Tabelle berechnet:

F [ha]:	0,01	0,05	0,20	1,00	10,0	50,0
f_A [m²]	2	5	10	23	93	291
f_B [m²]	3	7	14	33	125	362
f_C [m²]	4	9	18	43	156	433
f_D [m²]	6	14	27	63	220	574
f_E [m²]	12	27	54	123	409	999

Für die Fehlergrenzen der Flächenberechnung gilt entsprechend das gleiche, was unter 26.2 für die Fehlergrenzen der Streckenmessung gesagt ist*.

5 Bestandteile geodätischer Meßinstrumente

51 Die Libellen

Um die geodätischen Lage- und Höhenmessungen auf die in 12 eingeführten Bezugsflächen beziehen zu können, müssen die Achsen der Meßinstrumente in die Lotrichtung gebracht oder rechtwinklig zu ihr eingerichtet werden. Hierfür bedient man sich meistens der Libellen (Wasserwaagen, Niveaus), die in zwei Ausführungen, als Dosenlibellen für Grobeinstellungen und als Röhrenlibellen für feinere Messungen, gefertigt werden.

* Vgl. Schödlbauer, A.: Beitrag zur Neufassung der amtlichen Fehlergrenzen für Flächenbestimmungen in Bayern. Mitteilungsblatt des Deutschen Vereins für Vermessungswesen, Landesgruppe Bayern, 1969, S. 21 u. 151ff.

51.1 Die Dosenlibelle (Bild 51.1) besteht aus einem in Metall gefaßten runden Glasgefäß, dessen Deckel auf der Innenseite kugelförmig ausgeschliffen und dessen Boden zugeschmolzen ist. Das Gefäß ist bis auf einen kleinen Rest — die Blase — mit Äther oder Alkohol angefüllt. Die Mitte des Gefäßes ist durch einen oder mehrere Kreise angedeutet.

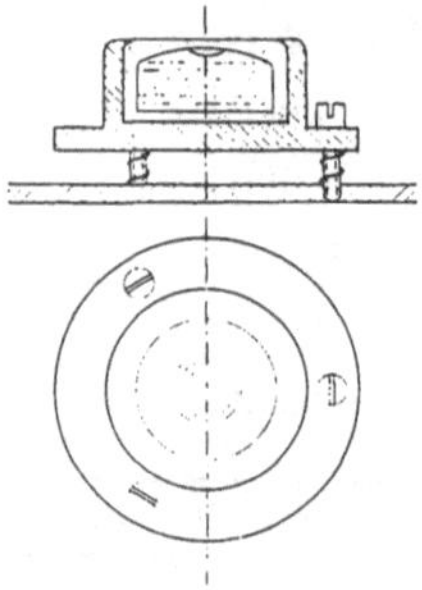

Bild 51.1 Dosenlibelle

Mit einer justierten Dosenlibelle wird eine auf Stellschrauben ruhende Ebene, z. B. ein Meßtisch, horizontiert und eine durch Stellschrauben gehaltene Vertikalachse lotrecht gestellt, indem man die Libellenblase mit den Stellschrauben zum Einspielen bringt. Die Dosenlibelle ist justiert, wenn eine an den Mittelpunkt der Kugelkappe gelegte Tangentialebene der Auflagefläche der Libelle parallel ist oder wenn sie normal zu der Vertikel- oder Stehachse verläuft.

Um eine Dosenlibelle zu justieren, läßt man die Blase mit Hilfe der Stellschrauben genau einspielen und bewegt die Libelle (durch Umsetzen auf dem Tisch bzw. Drehen der Stehachse) ganz langsam um 200^{gon}. Zeigt sich dabei ein Ausschlag, so beseitigt man ihn zur Hälfte mit den Stellschrauben, zur Hälfte mit den an der Libellenfassung sichtbaren Justierschrauben.

51.2 Die Röhrenlibelle (Bild 51.2) besteht aus einer in Metall gefaßten zylindrischen Glasröhre, deren Innenseite im oberen Teil tonnenförmig ausgeschliffen ist, so daß sie im Längsschnitt als Kreisbogen erscheint. Die Röhre ist an beiden Enden zugeschmolzen und mit Äther ausgefüllt bis auf die von Ätherdämpfen eingenommene längliche Blase, die an die jeweils höchste Stelle der Libelle wandert. An der Außenwand des Glaskörpers ist eine Teilung angebracht, deren Striche (Tonnenreifen) bei älteren Libellen 2,26 mm (eine Pariser Linie), bei

Bild 51.2 Röhrenlibelle

neueren Libellen 2 mm voneinander entfernt sind. Der Abstand zweier Teilstriche heißt *Pars*. Der Mittelpunkt der Teilung ist der *Normalpunkt* oder die *Mittelmarke*; die in der Mittelmarke in Längsrichtung der Libelle an die innere Wandung gelegte Tangente ist die *Libellenachse*; ihre Projektion auf die Unterseite der Fassung — d. h. auf die Ebene, mit der die Fassung aufliegt — wird als *Setzlinie* bezeichnet. Der Winkel, um den die Libelle geneigt werden muß, damit die Blase um einen Pars weiterläuft, heißt die *Angabe* der Libelle. Sie wird in der Regel in Sexagesimalsekunden angegeben und liegt bei Feinnivellierlibellen bei 5″, bei mittleren Libellen bei 20″ und bei einfachen Libellen bei 45″. Die entsprechenden Schliffhalbmesser sind 82,5 m, 20,6 m und 9,2 m.

Befindet sich die Röhrenlibelle in einer Fassung, die das Umsetzen der Libelle ermöglicht, so heißt sie *Setzlibelle* (Bild 51.3) und dient zum Horizontieren von Geraden und Ebenen. Ist sie direkt oder indirekt mit der Vertikalachse (Stehachse) eines Instruments verbunden, so heißt sie *Vertikalachsenlibelle* (Bild 51.5) und wird zum Lotrechtstellen der Vertikalachse verwandt.

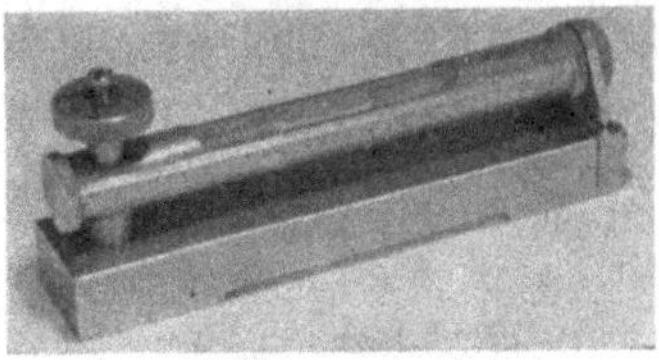

Bild 51.3 Setzlibelle

51.3 Justierung und Gebrauch der Röhrenlibellen. (Bild 51.4 und 51.5).

51.31 Die *Setzlibelle* ist justiert, wenn die Libellenachse der Setzlinie parallel ist. Wird eine justierte Setzlibelle auf eine horizontale Ebene gesetzt, so spielt die Blase auf die Mittelmarke ein.

Um Einblick in das Verhalten einer Setzlibelle zu gewinnen, stelle man mit Hilfe eines „Legebrettes", d. h. eines schmalen ebenen Brettes, das mit einer Stellschraube um eine horizontale Achse gekippt werden kann (Bild 51.4), eine um α geneigte

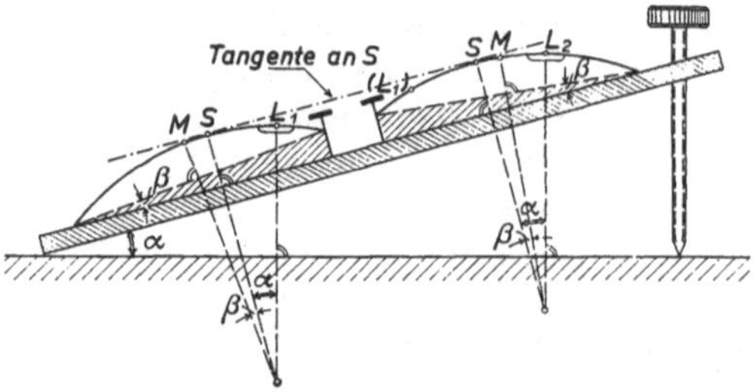

Bild 51.4 Gebrauch der Setzlibelle

Ebene her und setze auf diese Ebene eine um β dejustierte Libelle.

Der Ausschlag L_1, den die Blase zeigt, ist das Ergebnis von Neigung und Dejustierung; er ist, wie man in Bild 51.4 links erkennt, gleich $(\alpha + \beta)$. Setzt man die Libelle um (rechtes Bild), so schlägt die Blase um $(\alpha - \beta)$ nach der entgegengesetzten Seite aus. Der Weg der Blase von L_1 bis zu der neuen Stellung L_2 beträgt also im Winkelmaß $2\,\alpha$, und wenn man den Punkt in der Mitte des Bogens $L_1\,L_2$, den *Spielpunkt*, mit S bezeichnet, so ist $L_1S = SL_2 = \alpha$. *Folglich ist, wenn die Blase im Spielpunkt steht,* $\alpha = 0$, *d. h. die Ebene ist horizontal.* Der Bogen MS aber entspricht, wie man an Hand der Zeichnung erkennt, dem Dejustierungswinkel β. Um die Libelle zu justieren, hat man mithin den Bogen MS gleich Null zu machen, oder, anders ausgedrückt, *man hat den Spielpunkt mit Hilfe der Libellenjustierungsschrauben auf die Mittelmarke zu verlegen.*

Die Justierung wird besonders einfach, wenn man zuvor $\alpha = \beta$ macht. Das wird automatisch erreicht, indem man zunächst die Blase mit den Stellschrauben des Legebrettes auf die Mittelmarke einstellt. Setzt man dann um, so schlägt die Blase um $2\alpha = 2\beta$ aus. Jetzt wird eine Hälfte des Ausschlages mit der Stellschraube des Legebrettes beseitigt; dann ist die Setzlinie horizontal. Die andere Hälfte wird fortgeschafft, indem man die Blase mit den Justierschrauben der Libelle wieder auf die Mittelmarke bringt; damit ist die Libelle justiert. Wenn sich nach abermaligem Umsetzen noch ein Ausschlag zeigt, so ist der Vorgang zu wiederholen.

Wird lediglich das Horizontalstellen der Setzlinie ohne Libellenjustierung verlangt, so bestimmt man durch Umsetzen der Libelle den Spielpunkt der Blasenmitte oder eines Blasenendes in Beziehung auf die Setzlinie und stellt die Blase mit Hilfe der Stellschraube des Legebrettes auf den Spielpunkt ein.

51.32 *Die Vertikalachsenlibelle* wird — anders als die Setzlibelle — nicht als selbständiges Gerät gebaut, sondern sie findet sich als Zusatzeinrichtung z. B. an Theodoliten und anderen Instrumenten, deren Vertikalachse mittels einer Vertikalachsenlibelle streng lotrecht gestellt werden soll. Eine Vertikalachsenlibelle ist justiert, wenn die Libellenachse — d. i. die Tangente in M — mit der Vertikalachse einen rechten Winkel bildet (Bild 51.5). Man erhält den Spielpunkt der Libelle in Beziehung auf die Vertikalachse, indem man durch Drehen der Vertikalachse die Richtung der Libellenachse um 200^{gon} ändert und den Blasenweg $L_1\ L_2$ halbiert.

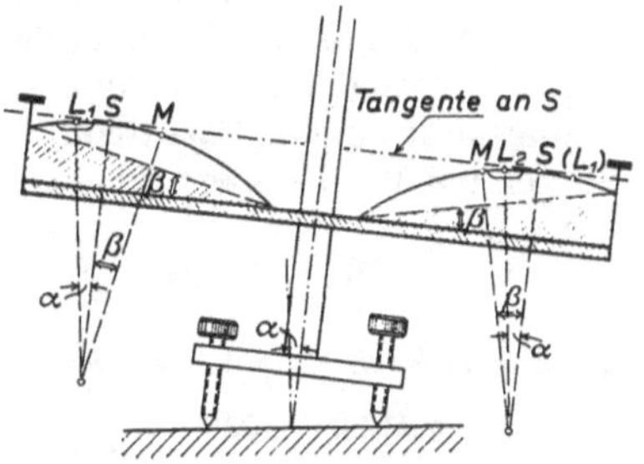

Bild 51.5 Gebrauch der Vertikalachsenlibelle

Um eine Vertikalachse lotrecht zu stellen und die Vertikalachsenlibelle zu justieren, geht man wie in 51.31 wieder von dem Fall $\alpha = \beta$ aus und hat dann folgende Schritte zu machen:

1. Vertikalachse mit Dosenlibelle genähert aufrichten.
2. Röhrenlibelle parallel zu zwei Fußschrauben stellen und Blase auf Mittelmarke einspielen lassen.
3. Achse nebst Libelle um 200^{gon} drehen und Ausschlag ablesen.
4. Die Hälfte des Ausschlages mit den Fußschrauben beseitigen; die Blase steht damit im Spielpunkt, und die Achse ist in einer Richtung aufgerichtet.
5. Achse nebst Libelle um 100^{gon} drehen und Blase mit der dritten Fußschraube auf den vorher bestimmten Spielpunkt bringen; damit ist die Achse auch in der zweiten Richtung aufgerichtet.
6. Zur Probe Achse langsam drehen; bleibt die Blase dann nicht im Spielpunkt stehen, so sind die Vorgänge 2. bis 5. zu wiederholen.
7. Wenn die Blase stehenbleibt, ist die Achse streng lotrecht. Stellt man alsdann die Blase mit den Libellenjustierschrauben auf die Mittel-

marke ein, so wird der Spielpunkt auf die Mittelmarke verlegt; die Libelle ist justiert.

51.4 Das Bestimmen der Libellenangabe, deren Kenntnis zur Beurteilung eines Libelleninstruments unerläßlich ist, kann auf zwei Wegen vorgenommen werden:

51.41 *Fernrohrlibellen.* Libellen, die mit einem Fernrohr fest verbunden sind, können mit Hilfe eines in der Entfernung s senkrecht aufgestellten Maßstabes (z. B. einer Nivellierlatte) untersucht werden. Man stellt das Instrument so auf, daß eine der drei Fußschrauben zur Latte weist, liest an der Libellenteilung den Stand eines Blasenendes ab und macht mit Hilfe des Fernrohrs am Maßstab die Ablesung l_1. Dann läßt man die Blase durch Bewegen der zum Maßstab weisenden Fußschraube um n Pars weiterwandern und liest am Maßstab l_2 ab. Jetzt stellt man die Neigungsänderung in Pars dem aus der Ablesung am Maßstab abzuleitenden Winkel gegenüber und erhält

$$n \text{ pars} = \frac{l_1 - l_2}{s} \varrho'' \quad \text{oder} \quad 1 \text{ pars} = \frac{\varrho''}{ns}(l_1 - l_2)\,.$$

Beispiel: $n = 20$; $s = 18{,}80$ m; $l_1 = 1{,}397$ m; $l_2 = 1{,}361$ m

$$1 \text{ pars} = \frac{206265 \cdot 0{,}036}{20 \cdot 18{,}80} = 20''\,.$$

51.42 *Ungefaßte Libellen* oder Libellen, die nicht an einem Instrument angebracht sind, werden auf einem Libellenprüfer untersucht (Bild 51.6). Dieser besteht aus einem T-förmigen Träger, besitzt zwei Y-Lager zur Aufnahme der Libellen und kann mittels einer Feinmeßschraube von $^1/_2$ mm Ganghöhe, deren Trommel z. B. in 360° oder in 100 Teile geteilt ist, geneigt werden.

Ist h die Ganghöhe der Schraube und l die wirksame Länge des Libellenprüfers, so bewirkt eine volle Schraubenumdrehung eine Neigungsänderung $k'' = \varrho'' \cdot h/l$, die als Konstante des Libellenprüfers bezeichnet wird. Man bestimmt die Konstante,

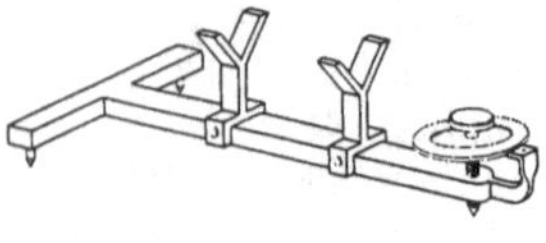

Bild 51.6 Libellenprüfer

indem man ein Fernrohr auf den Libellenprüfer legt und wie unter 51.41 verfährt. Ist k bekannt, so wird zunächst die Anfangsstellung der Blase abgelesen, und es wird nach t Umdrehungen eine zweite Ablesung gemacht. Dieser Vorgang wird mit kleinen Änderungen in der Ausgangsstellung mehrere Male wiederholt. Ist die Blase im Mittel um n Pars weitergelaufen, so errechnet sich der Wert für 1 Pars oder die Angabe der Libelle aus

$$n \text{ pars} = tk'' \qquad \text{oder} \qquad 1 \text{ pars} = \frac{t}{n} k''.$$

Beispiel: Bestimmung der Angabe einer Röhrenlibelle. Die Ganghöhe der Schraube ist 0,5 mm, die wirksame Länge 250,0 mm, so daß $k = 400''$ ist. Die Schraubentrommel gestattet Ablesungen auf 0,01 Schraubenumdrehungen.

Trommel-ablesung	t	Libellenablesungen			n
		links	rechts	Mitte	
0,00	0,25	1,7	15,2	8,45	5,10
0,25		6,8	20,3	13,55	
0,02	0,25	2,4	16,0	9,20	4,80
0,27		7,2	20,8	14,00	
0,05	0,25	3,0	16,6	9,80	4,75
0,30		7,7	21,4	14,55	
0,13	0,25	4,6	18,3	11,45	4,90
0,38		9,5	23,2	16,35	
0,23	0,25	6,3	20,0	13,15	5,05
0,48		11,4	25,0	18,20	
				Mittel	4,92

Mithin ist die Angabe $\frac{0,25}{4,92} \cdot 400'' = 20,3''$.

Als behelfsmäßiger Libellenprüfer kann ein Legebrett dienen. Man hat dann zur Ermittlung der Konstanten die Länge l unmittelbar zu messen. Die Ganghöhe h der Schraube bestimmt man, indem man die

Schraube auf einem Blatt Papier abdrückt und den Abstand mehrerer Windungen mit einem Millimeterstab mißt.

51.5 Besonderheiten der Röhrenlibellen.

a) Die *Libellenteilung* geht bei Gebrauchsinstrumenten in der Regel von der Mitte aus nach beiden Seiten; für feinere Libellen ist sie durchlaufend beziffert. Bei der Ablesung von Libellen mit Mittelteilung hilft man sich, indem man eine Richtung, etwa die zum Fernrohrobjektiv, als +-Richtung betrachtet.

b) *Wendelibellen* sind auf der Oberseite und der Unterseite ausgeschliffen und geteilt, so daß sie in beiden Lagen benutzt werden können. Sie haben deshalb eine obere und eine untere Libellenachse, die parallel sein müssen. Diese Forderung ist bei neueren Libellen bis auf wenige Bogensekunden erfüllt.

c) *Kammerlibellen* enthalten an einem Ende eine durch eine Scheidewand abgetrennte Kammer, in die ein Teil der Libellenflüssigkeit durch Heben und Senken des Kammerendes überführt werden kann. Dadurch läßt sich die zwangsläufig von der Temperatur der Libellenflüssigkeit abhängige Blasenlänge regulieren. Besser baut man die Libelle in eine isolierende Fassung ein, so daß Temperatureinflüsse möglichst ferngehalten werden.

d) Bei *Koinzidenzlibellen* ist, um eine sehr scharfe Einstellung der Libelle vom Beobachterstand aus zu ermöglichen, über der Libelle ein Prismensystem angebracht, das die Blasenenden in der Längsrichtung spaltet und die Bilder der gespalteten Blasenenden nebeneinanderspiegelt (Bild 51.7). Wenn man dann durch Bewegen der Fußschrauben des Unterbaus die beiden

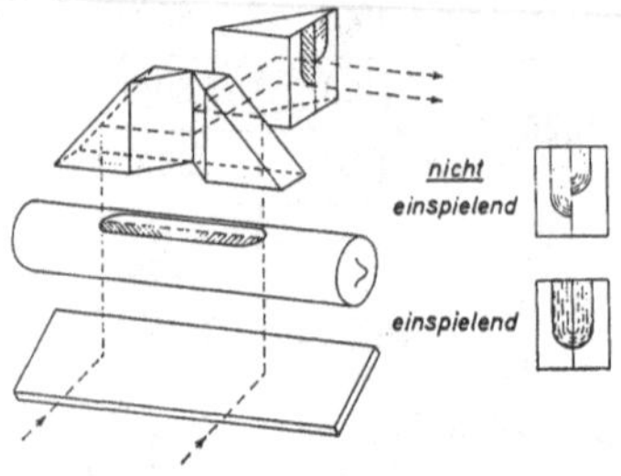

Bild 51.7 Koinzidenzlibelle

gespaltenen Blasenenden zur Koinzidenz bringt, so daß sie sich zu einer symmetrischen Figur vereinigen, spielt die Libelle ein. Koinzidenzlibellen haben in der Regel keine Teilung. Zur Bestimmung der Angabe mißt man den Blasenweg am Glaskörper mit einem Millimeterstab und bezeichnet als Angabe den Neigungswinkel, der einem Blasenweg von 2 mm entspricht.

e) Die *Reitlibelle* ist eine Nebenform der Setzlibelle. Sie dient zum Horizontieren von zylindrischen Achsen. An Stelle der ebenen Grundfläche hat sie zwei meistens kreisförmig ausgesägte Füße. Setzlinie ist die Verbindungsgerade der Scheitelpunkte*.

f) *Libellenkreuzung* liegt vor, wenn die Horizontalprojektion der Achse einer Fernrohrlibelle nicht parallel zur Zielachse ist, oder wenn die Achse einer Reitlibelle nicht parallel zur zylindrischen Achse verläuft. Man erkennt die Libellenkreuzung daran, daß die Blase beim Hin- und Herwälzen des Fernrohrs — bzw. beim Hin- und Herkippen der Reitlibelle — nach verschiedenen Seiten läuft. Die Libellenkreuzung kann durch seitlich wirkende Justierschrauben beseitigt werden.

52 Die Abbildung durch Linsen

52.1 Geometrisch-optische Grundbegriffe. Aus der geometrischen Optik, die hier als bekannt vorausgesetzt wird, seien die für die Fernrohroptik wichtigsten Beziehungen kurz zusammengestellt:

Eine Linse ist ein von zwei Kugelflächen begrenzter durchsichtiger Glaskörper. Die Verbindung der beiden Kugelmittelpunkte ist die optische Achse der Linse; auf ihr liegt auch der optische Mittelpunkt der Linse.

Linsen, die nach den Rändern dünner werden, heißen konvexe oder Sammellinsen; Linsen, die in der Mitte dünner sind als am Rand, heißen konkave oder Zerstreuungslinsen. Bild 52.1 zeigt der Reihe nach eine bikonvexe, plankonvexe, konkavkonvexe sowie eine bikonkave, plankonkave und konvex-konkave Linse.

* Vgl. jedoch E. Brennecke, Über die Setzlinie einer Setzlibelle. Zeitschr. f. Verm. 1943, S. 6.

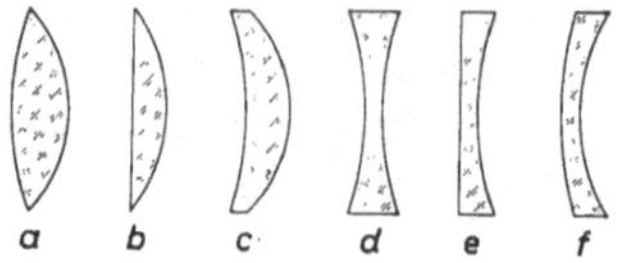

Bild 52.1 a—c Sammellinsen, d—f Zerstreuungslinsen

Die meisten optischen Instrumente enthalten mehrere Linsen, die zentriert sein müssen. Ein System von Linsen ist zentriert, wenn die optischen Achsen der Linsen einer Geraden angehören.

Die Gesetze für den Gang der Lichtstrahlen durch Linsensysteme werden sehr einfach, wenn man sich auf achsnahe Strahlen beschränkt und — was in der Praxis allerdings meistens nicht zutrifft — unterstellt, daß die Linsen verschwindend dünn sind.

52.11 Die *Abbildung durch konvexe Linsen* unterliegt dann in großen Zügen folgenden Gesetzen:

a) Lichtstrahlen, die den optischen Mittelpunkt der Linse durchdringen, treten — von einer kleinen Parallelverschiebung bei schrägem Durchgang abgesehen — ungebrochen hindurch.

b) Parallel zur optischen Achse einfallende Strahlen vereinigen sich nach ihrem Austritt aus der Linse in derem Brennpunkt. Verlaufen die Strahlen schräg zur Achse, aber untereinander parallel, so schneiden sie sich dort, wo der durch den optischen Mittelpunkt einfallende Strahl die Brennebene trifft.

c) Diese Gesetze gelten entsprechend für den Strahlenverlauf in umgekehrter Richtung.

Für die Fernrohroptik sind die nachstehenden Fälle wichtig, bei deren Darstellung, wie üblich, unter a die Gegenstandsweite und b die Bildweite verstanden ist.

1. Fall $a > 2f$: Abbildung durch eine Sammellinse (Bild 52.2). Zur Ableitung der Linsengleichung entnimmt man der Figur $y:y' = (a - f):f$ und erhält daraus durch Umformung

$$\frac{1}{a} + \frac{1}{b} = \frac{1}{f}. \tag{1}$$

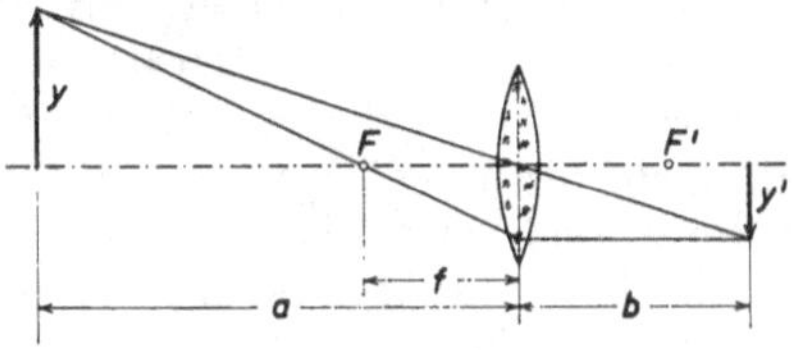

Bild 52.2

Die Linse entwirft ein reelles verkleinertes umgekehrtes Bild des Gegenstandes, das bei endlichem a hinter der Brennebene entsteht. Die Bildgröße y' errechnet sich aus

$$y' = \frac{b}{a} y .$$

2. Fall $a \leqq f$: Die Sammellinse als Lupe (Bild 52.3). Ist $a < f$, so kommen nicht die Strahlen selbst, sondern ihre rückwärtigen Verlängerungen zum Schnitt. Es entsteht ein virtuelles aufrechtes vergrößertes Bild; die Linse wird zur Lupe. Die Bildweite ist negativ, so daß die Lupengleichung lautet

$$\frac{1}{a} - \frac{1}{b} = \frac{1}{f} . \qquad (2)$$

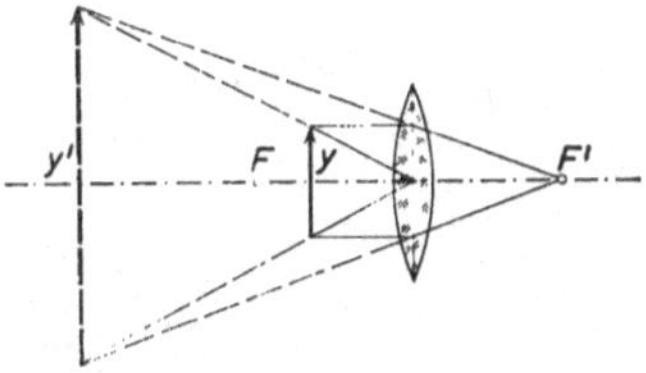

Bild 52.3

Rückt der Gegenstand in den vorderen Brennpunkt, so wird $a = f$. Die vom Gegenstandspunkt kommenden Strahlen fallen parallel zueinander aus, so daß das Auge eines normalsichtigen Beobachters sich entspannen kann. Er wird die Lupe daher unwillkürlich so halten, daß der Gegenstand sich im vorderen Brennpunkt befindet. Für diesen Fall läßt sich die Lupenvergrößerung — das ist das Verhältnis der Sehwinkel, unter dem ein Gegenstand mit bewaffnetem Auge und unbewaffnetem Auge gesehen wird — leicht angeben: Bei freiem Auge hält der Beobachter den Gegenstand in die günstigste Sehweite w, die beim Normalsichtigen 25 cm beträgt; sein Sehwinkel ist also gleich $y:w$. Der Sehwinkel beim Blick durch die Lupe aber ist gemäß Bild 52.4 gleich $y:f$. Mithin ist die Lupenvergrößerung Wirksame Lupen müssen also kurze Brennweiten haben.

$$v = \frac{y:f}{y:w} = \frac{w}{f}. \tag{3}$$

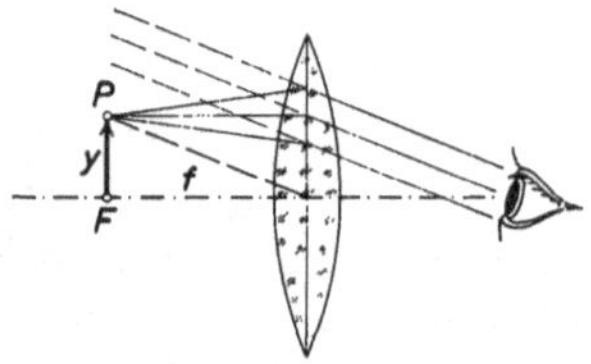

Bild 52.4

52.12 Die *Abbildung durch konkave Linsen* gibt virtuelle verkleinerte aufrechte Bilder (Bild 52.5). Bildweite und Brennweite werden negativ, so daß die Linsengleichung lautet

$$\frac{1}{a} - \frac{1}{b} = -\frac{1}{f}. \tag{4}$$

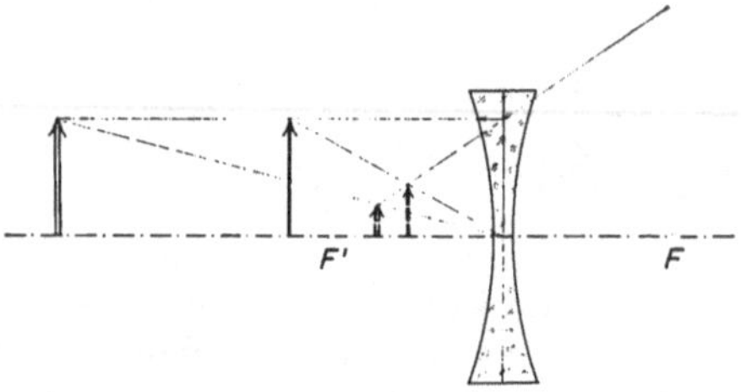

Bild 52.5

Alle achsparallelen Strahlen weisen nach der Brechung mit ihrer rückwärtigen Verlängerung auf den hinteren Brennpunkt F'.

52.2 Abbildungsfehler. Die oben beschriebenen Abbildungsgesetze gelten nur für einfarbiges Licht und für Strahlen innerhalb eines schmalen stricknadeldicken Raumes längs der optischen Achse. Andernfalls treten Bildfehler auf, die die Bildgüte verringern oder Lagefehler der Bildorte zur Folge haben.

Achsenparallele Strahlenbündel werden von der Farbabweichung und von der Kugelabweichung betroffen. Bei schräg einfallenden Bündeln kommen Astigmatismus und Bildwölbung und, wenn die Bündel breit sind, außerdem das Koma hinzu. Schließlich tritt bei Abbildung außerhalb der Achse die sogenannte Verzeichnung auf.

a) Die *Farbabweichung* oder *chromatische Aberration* (Bild 52.6) entsteht, weil der kurzwellige (violette) Teil des weißen Lichtes stärker gebrochen wird als der langwellige (rote) Teil. Infolgedessen sind die Bildorte von der Farbe des Lichtes abhängig, und es erscheinen Bilder mit farbigen Säumen.

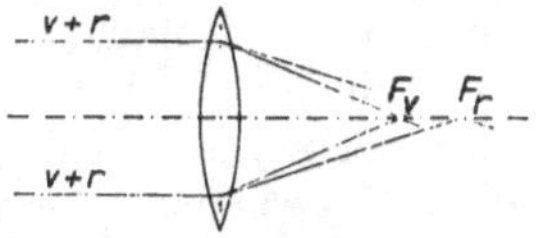

Bild 52.6 Farbabweichung

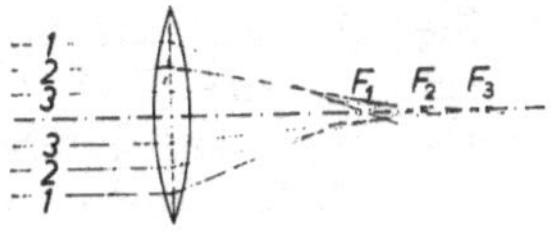

Bild 52.7 Kugelabweichung

b) Die *Kugelabweichung* oder *sphärische Aberration* (Bild 52.7) wird dadurch hervorgerufen, daß achsferne Strahlen stärker gebrochen werden als achsnahe Strahlen. Daher sind die Bildorte auf der Achse von der Einfallshöhe des Strahles abhängig. Der Beobachter sieht einen scharfen Kern, der von einem *Zerstreuungskreis* umgeben ist.

c) Der *Astigmatismus* schräger Strahlen — wörtlich übersetzt die Punktlosigkeit — entsteht, weil für außerhalb der Achse liegende Punkte eines Gegenstandes die Brennweite der Linse in den verschiedenen durch die Linsenachse hindurchgehenden Ebenen verschieden groß ist (Bild 52.8).

d) Unter *Bildwölbung* versteht man den Umstand, daß achsnormale Gegenstandsebenen nicht als Ebenen, sondern als flache Schalen abgebildet werden (Bild 52.9).

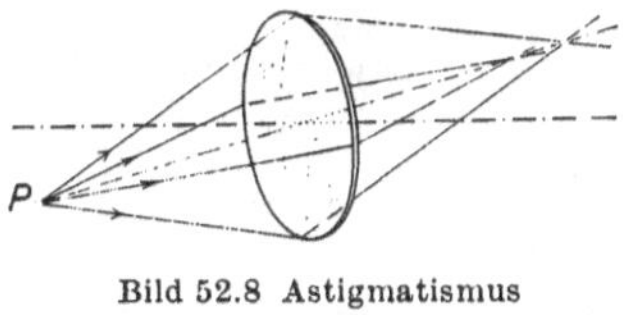

Bild 52.8 Astigmatismus

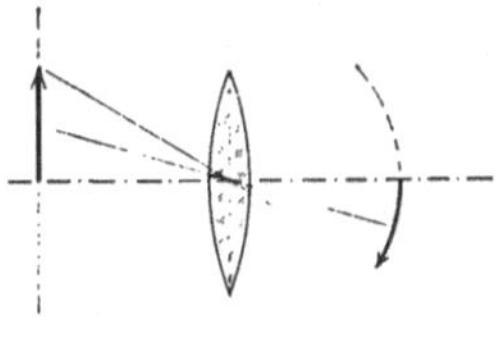

Bild 52.9 Bildwölbung

e) Die *Koma* ist die sphärische Aberration bei schräg einfallenden Bündeln; der Gegenstandspunkt wird als verwaschener Kern mit einer Art Kometenschweif abgebildet.

f) Die *Verzeichnung* entsteht dadurch, daß die Hauptstrahlen schiefer Bündel mit wachsendem Einfallswinkel so abgelenkt werden, daß sie in der Bildebene zur Bildmitte hin oder von ihr fort versetzt erscheinen. Z. B. wird ein Gegenstandsquadrat tonnen- oder kissenförmig verzeichnet.

Die Verzeichnung spielt bei den geodätischen Meßfernrohren keine große Rolle. Um so beachtlicher ist sie für die Photogrammetrie, wo sie durch äußerst komplizierte Linsensysteme beseitigt werden muß.

53 Die Meßfernrohre

53.1 Der Aufbau eines Meßfernrohrs. Das Fernrohr besteht in seiner einfachsten von J. Kepler bereits im Jahre 1611 angegebenen Form aus zwei zentrierten Sammellinsen, und zwar einer Objektivlinse mit großer und einer Okularlinse mit kleiner Brennweite. Das Objektiv liefert ein umgekehrtes verkleinertes Bild, das durch das Okular betrachtet wird. Für einen in endlicher Entfernung befindlichen Gegenstand ergibt sich daraus der im oberen Bild 53.1 gezeichnete Strahlengang, während das untere Bild die Abbildung eines seitlich der Achse liegenden ∞ fernen Gegenstandes zeigt.

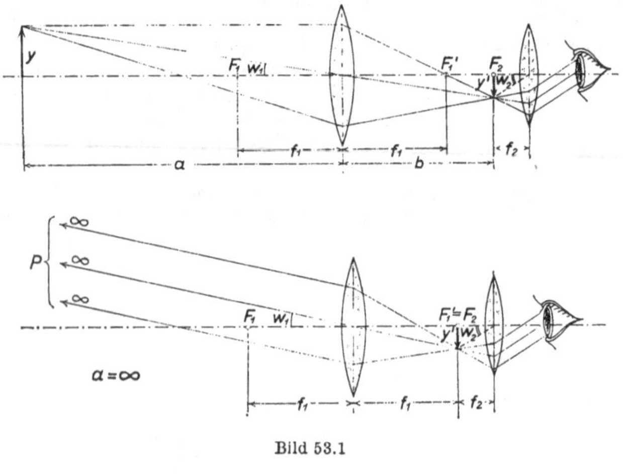

Bild 53.1

Um das Fernrohr zu einem Meßfernrohr umzugestalten und gleichzeitig die Abbildungsfehler möglichst weit herunterzudrücken, sind einige Zusatzeinrichtungen und mehrere Abwandlungen vom ursprünglichen Typ erforderlich.

53.11 *Das Fadenkreuz.* Damit das Fernrohr auf ein Ziel eingestellt werden kann, ist am hinteren Ende in älteren Instrumenten ein aus Spinnfäden bestehendes Fadenkreuz, in neueren Instrumenten eine Glasplatte mit einem feinen Strichkreuz eingebaut (Bild 53.2). Das Kreuz befindet sich in der Regel kurz vor dem Okular, das zum Scharfsehen ein wenig verstellt werden kann.

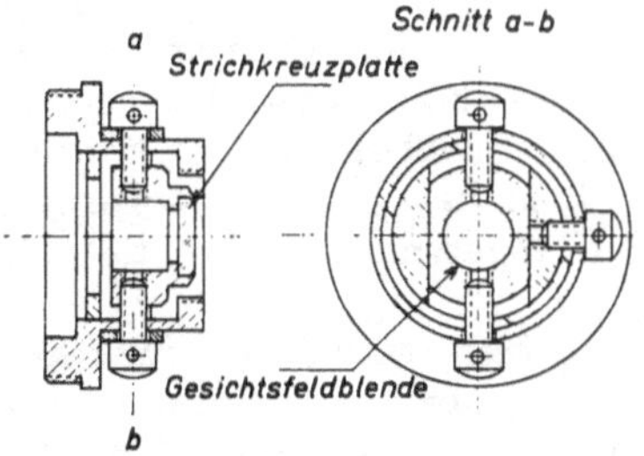

Bild 53.2

Optischer Mittelpunkt des Objektivs und Fadenschnitt bestimmen die Ziellinie. Um diese erforderlichenfalls parallel der Achse einer Fernrohrlibelle oder senkrecht zur Kippachse eines Theodolits machen zu können, wird das Fadenkreuz von einem Ring gehalten, der mit Hilfe von Justierschrauben geringfügig verschoben werden kann (Justierung der Zielachse).

53.12 *Okularauszug und Zwischenlinse.* Wenn das Ziel in endlicher Entfernung liegt, entsteht das Bild hinter der Brennebene des Objektivs, und zwar um so weiter nach hinten, je näher der Gegenstand rückt. An genau diese Stelle muß das Fadenkreuz gebracht werden. Das läßt sich, nachdem zuvor das Okular so eingestellt ist, daß das Fadenkreuz scharf gesehen wird, auf zwei verschiedenen Wegen erreichen: Entweder man verschiebt das Fadenkreuz nebst dem mit ihm verbundenen Okular mit Hilfe eines Okularauszuges an den Ort des Bildes, oder man verlegt das Bild mittels einer Zwischenlinse in die Fadenkreuzebene.

Beim *Fernrohr mit Okularauszug* (Bild 53.3) ist das Okular in einem Rohr untergebracht, das etwas enger als das Objektivrohr ist und mit Hilfe einer Zahnstange und eines Zahnrades

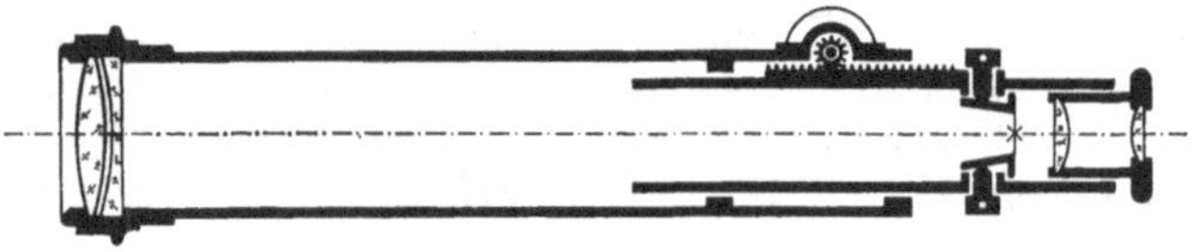

Bild 53.3

bewegt wird, so daß das Fadenkreuz an den Ort der Bildentstehung gebracht werden kann. Diese Lösung ist bis vor einigen Jahrzehnten fast ausschließlich benutzt worden. Sie hat den Nachteil, daß Staub in das Innere des Fernrohrs eindringen kann, und daß bei längerem Gebrauch der Okularauszug zu schlottern beginnt.

Beim *Fernrohr mit Zwischenlinse* — auch Fernrohr von unveränderlicher Länge genannt — kann das Fadenkreuz seinen Ort nicht verändern (Bild 53.4). Das vom Objektiv erzeugte Bild muß daher in die Fadenkreuzebene verlegt werden. Hierzu ist zwischen der Objektivlinse und ihrem hinteren Brennpunkt eine — meistens schwach negative — Zwischenlinse eingebaut, die die vom Objektiv gesammelten Strahlen ein wenig zerstreut. Die Strahlen vereinigen sich infolgedessen erst etwas später, d. h. das Bild entsteht weiter hinten, und zwar um so weiter, je näher die Zwischenlinse dem Objektiv ist.

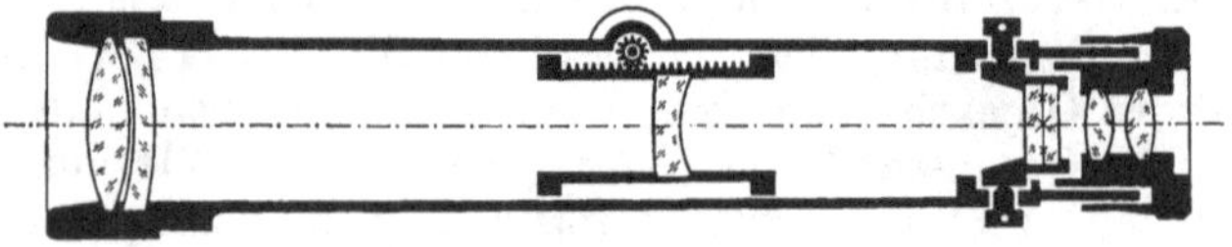

Bild 53.4

Diese Lösung vermeidet die Nachteile des Okularauszuges. Sie ermöglicht es ferner, obwohl das vom Objektiv entworfene

Bild etwas hinausgeschoben wird, das Fernrohr durch Wahl passender Brennweiten gegenüber dem Fernrohr mit Okularauszug noch etwas zu verkürzen.

53.13 *Objektiv und Okular* werden zur Bekämpfung von Farbabweichung und Kugelabweichung aus mehreren Linsen mit verschiedener Brechkraft und verschiedenen Halbmessern zusammengesetzt. Bei Okularen wird zur Minderung der Farbabweichung außerdem ein Abstand zwischen den Einzellinsen gelassen.

Als *Objektiv* wurde bei geodätischen Instrumenten früher überwiegend der von Frauenhofer angegebene Typ verwandt, der aus einer bikonvexen Linse aus dem verhältnismäßig schwach brechenden Kronglas ($n = 1{,}52$) und einer konkavkonvexen Linse aus dem stark brechenden Flintglas ($n = 1{,}62$) besteht (Bild 53.5 links). Neuere Instrumente sind oft mit Apochromaten ausgestattet.

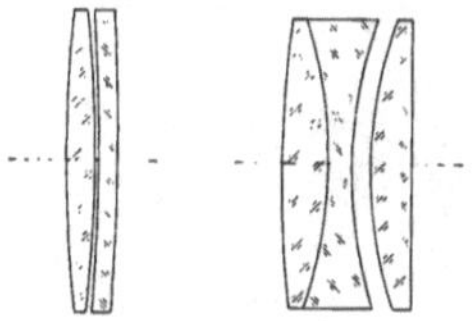

Bild 53.5 Fraunhofersches u. apochromatisches Objektiv

Das *Okular* ist in seiner einfachsten von Ramsden angegebenen Form aus zwei plankonvexen Linsen gleicher Brennweite zusammengesetzt, deren Abstand $^2/_3\,f$ beträgt und die ihre gewölbten Seiten einander zukehren (Bild 53.6 links.) Damit auch ein nicht normalsichtiger Beobachter Bild und Fadenkreuz

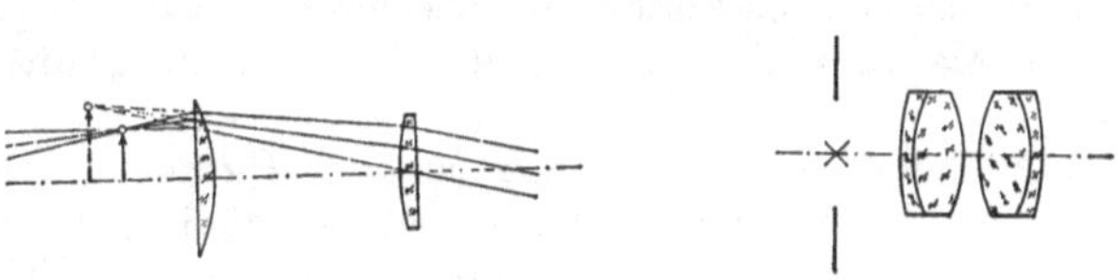

Bild 53.6 Ramsdensches und orthoskopisches Okular

scharf sieht, kann das Okular gegenüber dem Fadenkreuz ein wenig herein- oder herausgedreht werden. Bei modernen — z. B. bei orthoskopischen — Okularen sind Kollektivlinse und Augenlinse aus je zwei Linsen zusammengesetzt.

Wird in das Okular noch eine Umkehrlinse eingebaut, so erhält man ein *terrestrisches Okular*. Fernrohre mit terrestrischen Okularen liefern aufrechte Bilder. Solche Bilder lassen sich auch durch Einbau von Prismenkombinationen erzeugen [63].

53.14 *Die Blenden.* Um Astigmatismus, Bildfeldwölbung und Koma klein zu halten, werden die auf das Objektiv fallenden Strahlenbündel durch Öffnungsblenden begrenzt; ferner werden Bündel mit zu großer Neigung des Hauptstrahles durch Gesichtsfeldblenden abgeschnitten. Öffnungsblende ist in der Regel die Objektivfassung. Als Gesichtsfeldblende dient der Ring, der das Fadenkreuz trägt; er bewirkt, daß ein schräg einfallendes Strahlenbündel nur dann ins Okular gelassen wird, wenn nicht mehr als die Hälfte des Bündels durch die Okularfassung abgeschnitten wird (Bild 53.7).

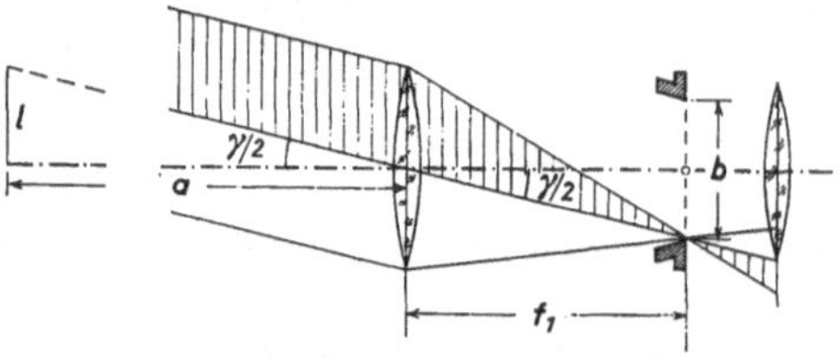

Bild 53.7 Öffnungsblende und Gesichtsfeldblende

Denkt man sich die Gesichtsfeldblende durch das Objektiv in den Gegenstandsraum abgebildet, so bewirkt sie eine scharfe Begrenzung des Gegenstandes, die wie eine in der Örtlichkeit aufgestellte Maske wirkt. Diese scheinbare Maske heißt *Eintrittsluke.*

Die Bilder der Öffnungsblende heißen *Pupillen.* Ist die Objektivfassung Öffnungsblende, so ist sie auch gleichzeitig *Eintrittspupille;* ihr durch das Okular — gegebenenfalls über die Zwischenlinse — entworfenes, in Bild 53.8 konstruiertes

Bild ist die *Austrittspupille*. Sie erscheint als heller Kreis in der Nähe des hinteren Brennpunktes des Okulars und kann dort auf einem Maßstab aufgefangen und ausgemessen werden.

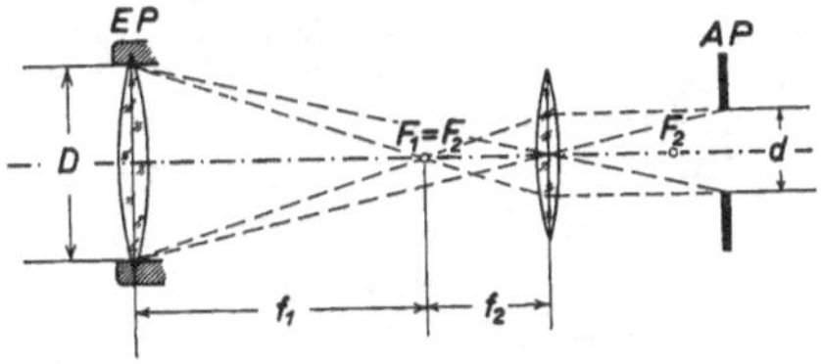

Bild 53.8 Ein- und Austrittpupille

53.2 Vergrößerung, Gesichtsfeld, Helligkeit und Auflösungsvermögen sind die Eigenschaften, die vor allen anderen den Wert eines Fernrohrs kennzeichnen. Man definiert sie für ein auf ∞ eingestelltes Fernrohr. Um die Darstellung möglichst einfach zu halten, soll von dem im unteren Bild 53.1 dargestellten Fall ausgegangen werden; doch wird unter f_2 die Brennweite des Okulars und bei Fernrohren mit Zwischenlinse unter f_1 die Brennweite des Systems Objektiv plus Zwischenlinse bei Einstellung auf ∞ verstanden.

53.21 *Die Fernrohrvergrößerung* v ist das Verhältnis der Sehwinkel w_2 und w_1, unter denen ein entfernter Gegenstand mit bewaffnetem und mit unbewaffnetem Auge gesehen wird. Im Bild 53.1 treten die Winkel w_1 und w_2 auch in dem Raum zwischen den beiden Linsen L_1 und L_2 auf. Danach ist

$$w_1 = \frac{y'}{f_1}; \quad w_2 = \frac{y'}{f_2}. \quad \text{Also } v = \frac{w_2}{w_1} = \frac{f_1}{f_2}.$$

Es besteht ferner, wenn D der Durchmesser der Eintrittspupille (Objektivfassung) und d der Durchmesser der Austrittspupille ist, gemäß Bild 53.8 das Verhältnis $f_1:f_2 = D:d$, so daß $v = D:d$ ist. Um v nach dieser Formel zu bestimmen, stelle man das Fernrohr auf ∞, messe D direkt und fange d mit einem hinter das Okular zu haltenden Maßstab oder besser noch mit einem Dynameter auf, d. h. mit einer Lupe, die in ihrem Gesichtsfeld eine feine Teilung trägt.

Die Vergrößerung läßt sich genähert auch so ermitteln, daß man eine in einiger Entfernung aufgestellte Nivellierlatte mit einem Auge durch das Fernrohr, mit dem anderen direkt anvisiert und feststellt, wieviel mit freiem Auge gesehene Latteneinheiten eine im Fernrohr gesehene Einheit decken.

Die Fernrohrvergrößerung liegt bei geodätischen Fernrohren zwischen 15- und 50fach.

53.22 Das *Gesichtsfeld* ist der kegelförmige Raum mit dem Öffnungswinkel γ, der bei Einstellung auf ∞ von den durch den Rand der Gesichtsfeldblende gehenden Hauptstrahlen gebildet wird (Bild 53.7). Um γ überschlägig zu bestimmen, stelle man eine Nivellierlatte in nicht zu kurzem Abstand a vom Instrument auf, lese die äußersten im Gesichtsfeld wahrnehmbaren Striche an der Latte ab und bilde daraus den Lattenabschnitt l. Dann ist

$$\gamma = \frac{b}{f_1}\varrho \approx \frac{l}{a}\varrho .$$

γ ist bei geodätischen Meßfernrohren 1 bis 2^{gon} groß.

53.23 Unter *Fernrohrhelligkeit* sei das Verhältnis der Flächenhelligkeiten H und H_0 verstanden, unter denen das bewaffnete und das unbewaffnete Auge den Gegenstand wahrnimmt. Sind d und p die Durchmesser von Austritts- und Augenpupille und ist c ein Koeffizient, der die Lichtdurchlässigkeit des Fernrohrs in Einheiten des ursprünglichen Lichtstroms kennzeichnet, so ist

$$h = \frac{H}{H_0} = c\left(\frac{d}{p}\right)^2 .$$

Dabei ist Voraussetzung, daß $p \geqq d$ ist. Die durch das Fernrohr auf der Netzhaut entworfenen Bilder sind also nur im Idealfall — d. h. $c = 1$ und $d = p$ — ebenso hell wie beim Sehen mit unbewaffnetem Auge. c ist jedoch immer kleiner als 1. Zur Abschätzung von c gilt die Regel, daß jede brechende Fläche 5% des Lichtes reflektiert und jeder Zentimeter Glasweg 0,5% Licht absorbiert. Die Reflexionsverluste gehen jedoch auf rd. 1% zurück, wenn auf die Linsen der reflexmindernde „T-Belag" aufgedampft ist, den man an einem violetten Schimmer erkennt. Solche Linsen werden als „vergütet" bezeichnet. Ein Fernrohr mit Objektiv, Zwischenlinse, Fadenplatte und zwei Okularlinsen verliert bei nicht vergüteten Linsen rund 40% Licht, bei T-Belag jedoch nur 10%, so daß c im ersten Fall 0,6 im zweiten 0,9 ist. Der T-Belag ist besonders für Messungen bei trübem Licht sehr vorteilhaft.

Die optischen Firmen geben als Fernrohrhelligkeit häufig einfach den Wert von D^2 an.

53.24 Das Auflösungsvermögen des Fernrohrs* ist seine Fähigkeit, zwei getrennte Dingpunkte getrennt abzubilden. Infolge der Wellennatur des Lichtes werden die Lichtstrahlen an den Rändern der Linsenfassungen und Blenden gebeugt. Das optische Bild eines Dingpunktes ist daher kein geometrischer Punkt, sondern ein Beugungsscheibchen, dessen Durchmesser sich mit dem Öffnungswinkel w_2 und der Lichtwellenlänge λ ergibt zu

$$b_2 = \frac{1{,}22\,\lambda}{n_2 \sin w_2},$$

Das Beugungsscheibchen läßt sich in den Dingraum zurück übertragen; doch kann die Größe dieses fiktiven Gegenstandes nur zur Hälfte ausgenutzt werden, weil das Auge das Beugungsscheibchen aus physiologischen Gründen nur zur Hälfte aufzulösen vermag.

Die Grenze der Auflösungsmöglichkeit kann beim Fernrohr nur winkelmäßig erfaßt werden. Mit f_1 als Objektivbrennweite, $2\,f_1 \sin w_2$ als wirksamer Objektivöffnung und $\lambda = 0{,}000555$ mm erhält man schließlich die dingseitige Auflösung des Fernrohrs in Winkelsekunden zu

$$\frac{1{,}2\,\lambda \cdot 206\,265}{\text{Objektivöffnung}} = \frac{140\text{ mm}}{\text{Objektivöffnung in mm}}\,.$$

Die förderliche Vergrößerung V wird so bemessen, daß durch sie der Sehwinkel hinter dem Okular gleich dem physiologischen Grenzwinkel des Sehens wird, welcher rund $2' = 120''$ beträgt. Der Fall tritt ein, wenn 140/Objektivöffnung = 120 wird; demnach liegt die förderliche Vergrößerung des Fernrohrs bei

$$V \approx \text{Objektivöffnung in mm}.$$

Die Hersteller geodätischer Fernrohre beschränken sich meistens auf etwa 70% dieses Wertes.

53.3 Der Gebrauch des Fernrohrs. Vor Beginn der Beobachtung muß eine etwaige „Fadenparallaxe“, d. h. ein Auseinanderfallen von Bildebene und Fadenkreuzebene, beseitigt werden. Das erreicht man in folgenden Schritten:

1. Fernrohr gegen den Himmel richten und Okular so lange verschieben, bis das Fadenkreuz scharf gesehen wird;

2. Fernrohr auf den Gegenstand richten und Okularauszug oder Zwischenlinse bewegen, bis auch ein scharfes Bild des Gegenstandes erscheint;

3. zur Probe Kopf hin- und herneigen; dann darf das Bild seine Lage gegenüber dem Fadenkreuz nicht mehr ändern.

Nach Beseitigung der Parallaxe wird das Fadenkreuz mit den Feinstellschrauben des Instruments genau in das Ziel gebracht. Der mittl. Ziel- oder Einstellfehler ist nach dem Ergebnis empirischer Untersuchungen an Fernrohren von 10- bis 50facher Vergrößerung

$$m_e = \pm \frac{10^{cc}}{\sqrt{v}} \quad \text{bis} \quad \pm \frac{15^{cc}}{\sqrt{v}}\,.$$

Bei Feldmeßinstrumenten kann m_e zu $2''$ oder 6^{cc} angenommen werden.

* Vgl. Flügge, J.: Leitfaden der geometrischen Optik und des optischen Rechnens. Göttingen 1956.

54 Unterbauten und Stative

54.1 Unterbauten. Bei den meisten geodätischen Instrumenten unterscheidet man Unterbau und Oberbau. Der Unterbau besteht im Regelfalle aus einem Dreifuß mit einer nach oben offenen zentralen Ausbohrung (Achsbuchse); er wird auf einem dreibeinigen Stativ oder auf einem Pfeiler befestigt und steht während der Messung still. Der Oberbau, der insbesondere das Meßfernrohr und die Ablesevorrichtungen trägt, faßt mit seinem Achszapfen in die Buchse des Unterbaus hinein und wird vom Beobachter auf das jeweilige Ziel eingedreht. Zapfen und Buchse haben bei älteren Instrumenten konische Form, wobei der Zapfen zur Entlastung auf einer Blattfeder ruht (Band II, 1971 Bild 12.1). Da diese Anordnung ständiges Überwachen, Reinigen und Ölen der Achse bedingt, sind die meisten Firmen — veranlaßt durch die Fortschritte der Feinmechanik — zum Bau von Zylinderachsen übergegangen (Band II, 1971 Bilder 12.4 u. 12.5).

54.2 Stative und Stativverbindungen. Ein Stativ hat in der Regel drei Beine aus Holz oder Leichtmetall, die durch einen Stativteller zusammengehalten werden. Das einzelne Bein besteht aus zwei sich nach unten verjüngenden Streben, die durch Querriegel versteift und am unteren Ende mit einer eisernen Spitze versehen sind. Seit einigen Jahrzehnten werden auch Stative mit einschiebbaren Beinen gebaut.

Die Beine sind am Teller entweder mit Hilfe eines Schraubbolzens nebst anziehbarer Flügelmutter oder durch ein Kugelgelenk oder ein Walzengelenk so befestigt, daß sie ohne zu schlottern in Ebenen senkrecht zur Tellerebene geschwenkt werden können (Bild 54.1).

Das Stativ wird mit dem Unterbau des Instruments bei älteren Typen mit Hilfe einer Schraubstange verbunden, die durch eine kreisförmige Öffnung im Stativteller hindurchgreift und an den Unterbau geschraubt wird, während eine starke Spiralfeder das Instrument an den Teller heranzieht (Bild 54.2 links). Die drei Füße des Unterbaus stehen auf Fußplatten oder sie fassen mit ihren Spitzen in Kerben, die auf dem Stativteller angebracht sind.

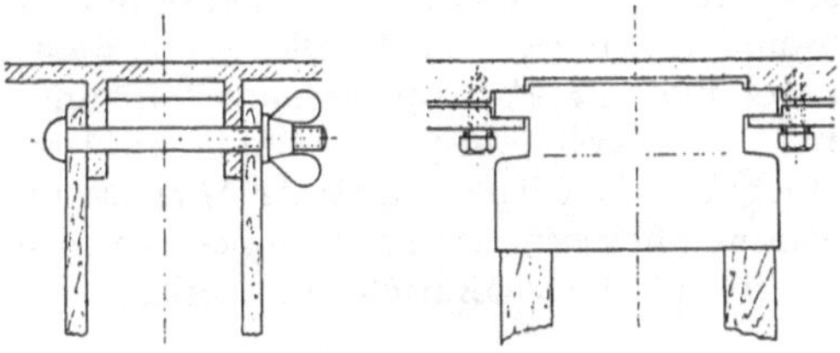

Bild 54.1 Stativköpfe

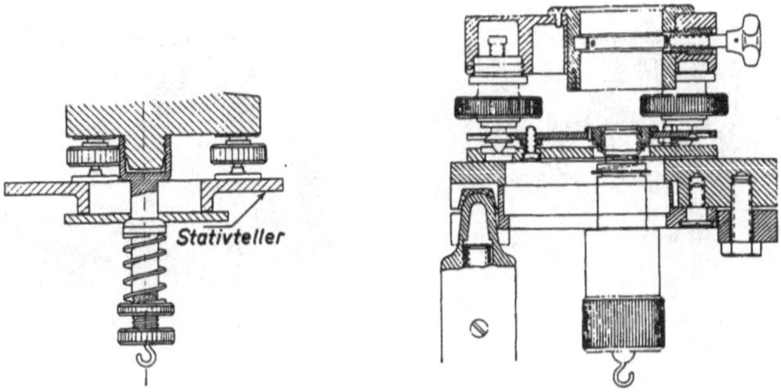

Bild 54.2 Stativverbindungen

Bei neueren Instrumenten ruhen die Füße des Unterbaus auf einer Grundplatte, die mittels einer Anzugschraube gegen den Stativteller gepreßt wird (Bild 54.2 rechts). Eine zweite — federnde — Platte, die mit der Grundplatte durch Schrauben leicht verbunden ist, umfaßt die Füße und hält den Unterbau federnd fest.

Die Spiralfeder bzw. die Federplatte müssen so elastisch sein, daß die Stehachse des Instruments mit Hilfe der Fußschrauben streng lotrecht gestellt [51.32] oder, anders ausgedrückt, daß das Instrument horizontiert werden kann.

54.3 H o r i z o n t i e r s t a t i v e. In jüngster Zeit sind zum schnelleren Aufstellen sogenannte Horizontierstative entwickelt worden. Die Firma Kern-Aarau baut z. B. Nivelliere mit einem zylindrischen Fuß, der unten auf der Innenseite konisch ausgeschliffen ist und mit dieser Auflagefläche auf dem als Kugelsegment ausgebildeten Stativkopf so lange hin- und herbewegt wird, bis die Dosenlibelle einspielt (Bild 54.3). Dann wird die unter dem Kugelkopf sichtbare zentrale Anzugsschraube angezogen und die Feinhorizontierung mit einer Kippschraube vorgenommen. Eine ähnliche Einrichtung besitzt das Nifix von Breithaupt.

Beim Horizontierstativ Typ 5011 von Ertel (Bild 54.4) sind die Stativbeine an einem Stativkopf befestigt, in dessen Zentrum

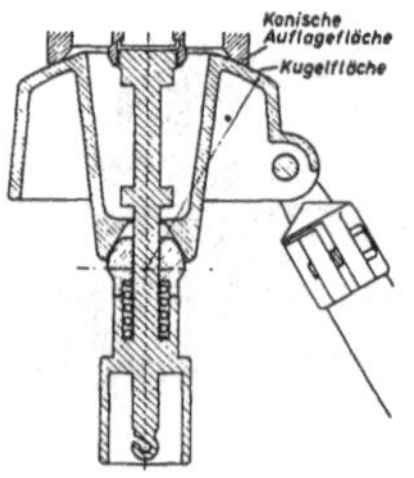

Bild 54.3 Horizontierstativ Kern

Bild 54.4 Horizontierstativ Ertel

sich eine nach oben offene und durch eine Klemmschraube zusammengehaltene Kugelschale befindet. In diese Schale greift ein Kugelsegment hinein, das den Stativteller trägt und so lange von Hand bewegt wird, bis eine Dosenlibelle einspielt; alsdann wird das Instrument durch eine zentrale Anzugsschraube mit dem Stativ verbunden und feinhorizontiert.

Der Kugelfuß, in dem die Firma Zeiss-Oberkochen mehrere ihrer Instrumente gelagert hat, gestattet eine so weitgehende Grobhorizontierung von Hand, daß für die Feinhorizontierung zwei leichtgängige Einstellknöpfe genügen. Gleichzeitig wird durch die Art der Lagerung ein besserer Schutz gegen ungewolltes Verdrehen des Instruments erreicht. Außerdem ist, um auch das Zentrieren zu beschleunigen, zwischen Stativ und Instrument ein „Rechtwinkelgleiter" eingebaut, der ohne daß der Beobachter es empfindet, Bewegungen auf dem Stativ nur in zwei zueinander senkrechten Richtungen zuläßt.

6 Instrumente und Geräte zum Nivellieren

61 Einfache Nivelliergeräte

Den Grundgedanken des Nivellierens oder Einwägens zeigt das Bild 61.1. Man ermittelt den Unterschied der Geländehöhen von *A* und *B*, indem man den lotrechten Abstand beider Punkte von einer horizontalen Ziellinie mißt. Dazu benötigt man ein Nivelliergerät, mit dem man eine horizontale Ziellinie herstellen kann, und zwei Nivellierlatten, mittels derer sich die lotrechten Abstände der Geländepunkte von der genannten Ziellinie messen lassen. In Bild 61.1 ist der Höhenunterschied zwischen *A* und *B* gleich 1,96—1,12 = 0,84 m.

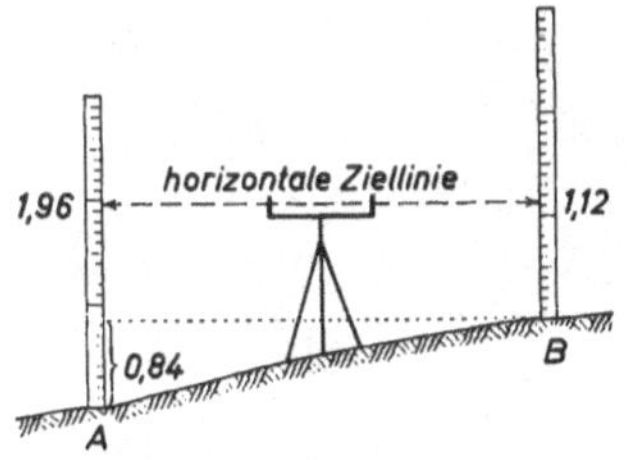

Bild 61.1

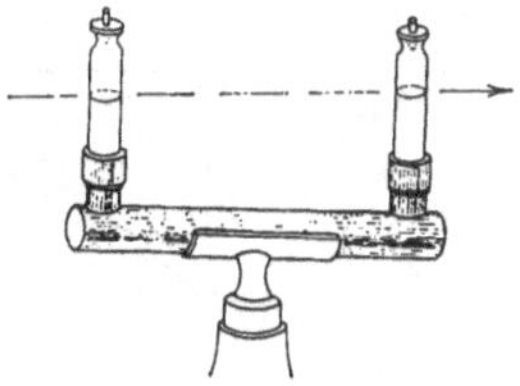

Bild 61.2 Kanalwaage

61.1 Die Kanalwaage. Das einfachste Nivellierinstrument ist die Kanalwaage; sie besteht aus zwei Glaszylindern, die durch ein Rohr miteinander verbunden und mit einer farbigen Flüssigkeit gefüllt sind. Bringt man sie in eine der Darstellung in Bild 61.2 entsprechende Lage, so erhält man durch Visieren über den Flüssigkeitsspiegel eine horizontale Ziellinie. Die Zielgenauigkeit ist jedoch so gering, daß die Kanalwaage in der hier skizzierten Form kaum noch benutzt wird. Etwas genauer wird das Verfahren, wenn in den beiden Glaszylindern gleichhohe schwimmende Zielmarken auf die Flüssigkeitsoberfläche gesetzt werden.

61.2 Die Schlauchwaage. Ersetzt man das Verbindungsrohr der Kanalwaage durch einen 20 bis 30 m langen Schlauch und die Zylinder durch Standgläser mit Millimeterteilung, so entsteht eine Schlauchwaage. Sie wird beim Bau von Straßen, Brücken, Kanalisationen usw., zumal in schwer einzusehendem Gelände, gern verwandt.

Nachdem etwaige Luftblasen durch Bewegen des Schlauches entfernt sind, hält man die beiden Standgläser in gleicher Höhe senkrecht nebeneinander, um einen etwaigen Unterschied des Wasserstandes, die Nullpunktskorrektur, zu ermitteln. Dann bringt man die Standgläser an die Meßstellen, wartet einige Minuten, bis das Wasser im Schlauch sich beruhigt hat, und liest an beiden Enden mehrere Male ab, mittelt die Ergebnisse und stellt die Nullpunktskorrektur in Rechnung. Bei sachgemäßer Handhabung ist dann für eine einzelne Höhenunterschiedsbestimmung ein mittlerer Fehler von ± 1—2 mm zu erwarten. Im Bergbau werden Präzisionsschlauchwaagen verwandt, die eine noch sehr viel größere Genauigkeit gewährleisten*.

61.3 Die Setzlatte. Ein drittes Gerät zur behelfsmäßigen Höhenbestimmung ist die Setzlatte. Das Gerät besteht aus der meistens 3 m langen, mit einer Libelle horizontal zu haltenden Setzlatte und einem in Dezimeter unterteilten, mit einer Dosenlibelle versehenen Peilstab. Das Meßverfahren ist aus Bild 61.3 zu erkennen.

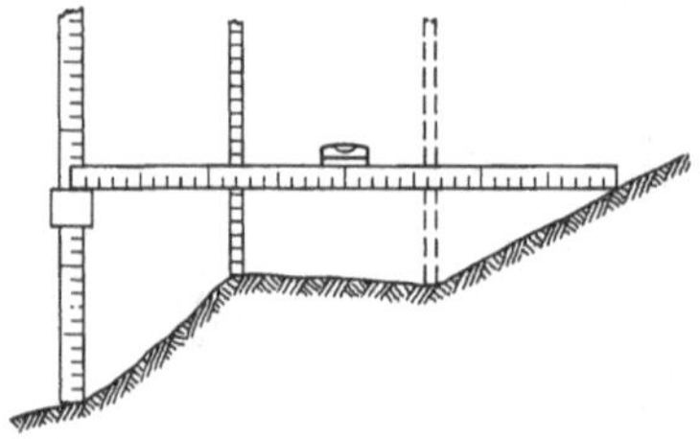

Bild 61.3 Setzlatte

Die Setzlatte liefert nur dann richtige Ergebnisse, wenn ihre Unterkante der Libellenachse parallel ist. Zur Prüfung bestimmt man den Sollhöhenunterschied als Mittel aus zwei mit vertauschten Libellenenden vorgenommenen Messungen und justiert danach die Libelle. Bei sehr sorgfältiger Arbeit kann für eine Lage ein mittl. Fehler von ± 0,5 cm, gem. 14.4 (11) beim Aneinanderreihen von n Lagen ein mittl. Gesamtfehler von $\pm\, 0{,}5\sqrt{n}$ erwartet werden.

61.4 Freihandgefällmesser nach Art des Necli (Bild 24.2) können ebenfalls für einfachste Nivellierungen ausreichen.

62 Nivellierinstrumente mit Libellenhorizontierung

62.1 Mechanischer Aufbau der Libellennivelliere. Das Nivellier mit Libellenhorizontierung besteht aus einem mit dem Unterbau durch Achse und Fernrohrträger verbundenen Meßfernrohr, das mit Hilfe einer am Fernrohr befestigten Röhrenlibelle (Fernrohrlibelle) so eingerichtet werden kann,

* Martin, H., Freiberger Forschungshefte, Reihe C, Heft 7, 1953; Spettmann, J., Mitteilungen aus dem Markscheidewesen 1958, S. 145.

daß die Zielachse horizontal ist. Sind, wie im Bild 61.1 angedeutet, in A und B Nivellierlatten senkrecht aufgestellt, so erhält man den Höhenunterschied Δh als Differenz zwischen dem „Rückblick R" nach A und dem „Vorblick V" nach B auf Grund der Formel

$$\Delta h = R - V .$$

Das ist die Grundgleichung des Nivellierens.

Fast alle modernen Nivelliere haben Fernrohre mit Zwischenlinse und Einrichtungen, mittels derer der Beobachter die Libelle ohne Standpunktwechsel an Spiegeln, Prismen oder auch im Fernrohrgesichtsfeld zu beobachten vermag. Unterschiede bestehen vornehmlich im Achsgefüge, in der Lagerung von Fernrohr und Libelle und in der Leistungsfähigkeit der Optik. Man unterscheidet im Hinblick auf die Lagerung des Fernrohrs und der Libelle:

a) Nivelliere mit festem Fernrohr, bei denen die Libelle mit dem Fernrohr und das Fernrohr mit dem Fernrohrträger fest verbunden ist (sog. Norddeutscher Unterbau; Bild 62.1);

b) Nivelliere mit Kippschraube, bei denen die Libelle mit dem Fernrohr fest verbunden ist, das Fernrohr aber gegenüber der Stehachse mit der sogenannten Kippschraube in beschränktem Umfang gekippt werden kann (sog. Süddeutscher Unterbau; Bild 62.2);

c) Nivelliere mit einer Kippschraube, einem Ringfernrohr, das um seine Längsachse gewälzt werden kann, und einer mit dem Fernrohr fest verbundenen Wendelibelle (Bild 62.3).

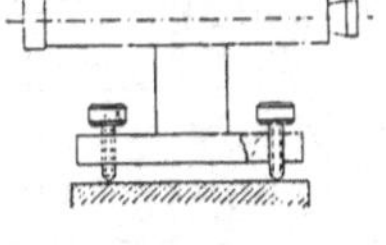

Bild 62.1
Norddeutsches Nivellier

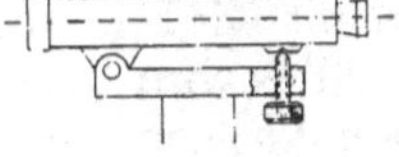

Bild 62.2
Nivellier mit Kippschraube

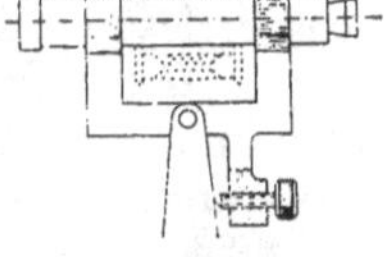

Bild 62.3
Nivellier mit Ringfernrohr

62.2 Justieren mit Feldmeßverfahren. Die in den obigen Prinzipskizzen herausgearbeiteten Unterschiede in der Fernrohrlagerung sind bei den weitgehend verkapselten modernen Instrumenten nicht immer auf den ersten Blick zu erkennen. Sie sind aber insofern von Bedeutung, als die Lagerung des Fernrohrs für das Justierverfahren maßgebend ist.

62.21 *Bei Nivellieren mit norddeutschem Unterbau* kann das Fernrohr nur mit den Schrauben des Dreifußes auf- und abbewegt werden. Zur Horizontierung des Fernrohrs muß die Vertikal- oder Stehachse daher mit Hilfe der Fernrohrlibelle streng lotrecht gestellt werden. Damit dabei eine horizontale Visur erhalten wird, müssen, wie das Bild 62.1 erkennen läßt, zwei Bedingungen erfüllt sein:

1. $LL \perp VV$, d. h. Libellenachse und Vertikalachse müssen winkelrecht aufeinanderstehen. Ist das nicht der Fall, so ist der Spielpunkt zu bestimmen und gemäß der Regel 51.32 mit Hilfe der Libellenjustierschrauben auf die Mittelmarke zu verlegen.

2. $LL \parallel ZZ$, d. h. die Zielachse muß der Libellenachse parallel sein. Zum Erfüllen dieser Bedingung benötigt man zwei Arbeitsgänge:

1. Schritt. Das Instrument wird genau in die Mitte zwischen zwei 60 bis 100 m voneinander entfernten Nivellierlatten aufgestellt, und es werden bei einspielender Libelle die Ablesungen a_1' und b_1' gemacht (Bild 62.4 oben). Diese Ablesungen sind, wenn Libellenachse und Zielachse nicht parallel sind, zwar unrichtig, jedoch, weil aus der Mitte nivelliert wurde, um den gleichen Betrag c. Der Fehler c aber fällt beim Bilden der Differenz a'—b' heraus, so daß der Höhenunterschied $\Delta h = a—b$ fehlerfrei erhalten wird.

2. Schritt. Das Instrument wird nunmehr möglichst nahe an die Latte in B gestellt, und es wird bei einspielender Libelle an der Latte in B die Ablesung b_2 gemacht, die infolge der kurzen Zielweite durch einen Justierungsfehler nicht spürbar verfälscht ist (Bild 62.4 unten). Wird dann — immer bei einspielender Libelle — die Latte in A anvisiert, so muß dort die Sollablesung $a_2 = b_2 + \Delta h$ erscheinen. Ergibt sich ein anderer Wert a_2', so

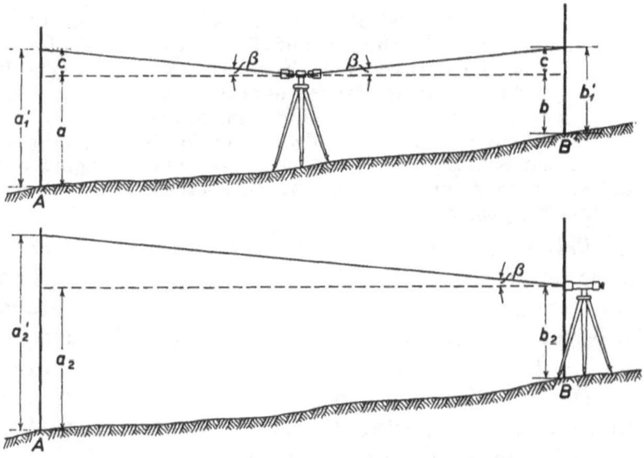

Bild 62.4

ist das Fadenkreuz mit seinen Justierschrauben so weit zu verschieben, bis die Ablesung a_2 erscheint.

Zahlenbeispiel für das Justieren aus der Mitte.

Stand Mitte	Stand bei B
Ablesung bei A: 2,261	Ablesung bei B: 1,532
Ablesung bei B: 1,342	Ablesung bei A: 2,465
$\Delta h = 0{,}919$	Soll = Abl. $B + \Delta h = 2{,}451$

Nachdem das Fadenkreuz mit seinen Justierschrauben auf die Sollablesung gebracht worden war, wurde mit veränderter Fernrohrhöhe folgende Probemessung gemacht:

A: 2,343	A: 2,569
B: 1,425	B: 1,650
= 0,918	= 0,919

Sind die 1. und die 2. Bedingung unter 62.21 erfüllt, so ist das norddeutsche Nivellier justiert. Es liefert dann bei einspielender Libelle — im Rahmen der allgemeinen Leistungsfähigkeit des Instruments — horizontale Visuren.

Zusatz: Beim 2. Schritt des obigen Verfahrens können nicht unerhebliche Fehler dadurch entstehen, daß das Fernrohr bei der Aufstellung in den Endpunkten stark umfokussiert werden muß. Um dieses zu vermeiden, haben M. Näbauer und T. J. Kukkamäki Justierverfahren entwickelt, die diese Fehlerquelle ausschalten. Ihre Verfahren sind in den im Schluß dieses Bandes angegebenen Büchern mehrfach dargestellt, und zwar in Nr. 2 (Deumlich) im Abschnitt 3.2.4, in Nr. 6 (Jordan-Eggert-Kneißl Bd. III), im § 14 und in Nr. 7 (Näbauer) im Abschnitt 12 am Schluß. Der Fehler wird aber auch vermieden, wenn man das Nivellierinstrument nach Ziff. 62.3 dieses Bandes mit Hilfe eines Kollimators justiert.

62.22 *Bei Nivellieren mit Kippschraube* kann das Fernrohr gegenüber der Stehachse mit der Kippschraube in beschränktem Umfange geneigt werden. Daher stellt man die Stehachse mit Hilfe der Dosenlibelle nur genähert lotrecht und bringt alsdann die Fernrohrlibelle mit der Kippschraube zum Einspielen. Damit dabei eine horizontale Visur erhalten wird, braucht nur die eine Bedingung $LL \parallel ZZ$, d. h. Libellenachse parallel Zielachse, erfüllt zu sein.

Ob sie erfüllt ist, prüft man gem. Bild 62.4 durch „Justieren aus der Mitte“. Berichtigen kann man das Instrument entweder auf die dort erläuterte Weise mit Hilfe der Fadenkreuzjustierschrauben, oder man stellt die Visurlinie mit der Kippschraube auf die Sollablesung a_2 ein und bringt anschließend die Blase mit den Libellenjustierschrauben zum Einspielen.

Mit einem justierten Kippschraubennivellier werden, wenn die Blase mit der Kippschraube zum Einspielen gebracht ist, unabhängig von der Stellung der Vertikalachse horizontale Visuren erhalten. Im Gegensatz zum Nivellier mit norddeutschem Unterbau muß das Fernrohr jedoch bei Einstellung jeder neuen Richtung mit der Kippschraube nachgestellt werden. Das ist vor allem bei etwaigen Seitenblicken zu beachten.

62.23 *Bei Nivellieren mit Ringfernrohr und Wendelibelle,* (Bild 62.3), die heute nur noch selten gebaut werden, kann der Idee nach auf das Justieren ganz verzichtet werden. Man läßt die Libelle erst an der einen, dann — nach dem Wälzen des Fernrohrs — an der anderen Libellenteilung einspielen und erhält als Mittel aus den in den beiden Libellenlagen gemachten Ablesungen an der Latte auch bei dejustiertem Instrument eine horizontale Visur. Damit hat man eine recht einfache Justierungsmöglichkeit: Nachdem man auf dem angegebenen Wege die Sollablesung an der Latte für eine horizontale Visur ermittelt hat, stellt man die Visierlinie mit der Kippschraube auf die Sollablesung ein und bringt dann die Libelle mit ihren Justierschrauben zum Einspielen. Das Instrument wird also ohne es umzustellen auf einem Stand justiert. Solche Instrumente — ein Beispiel ist das *N* 2 von Wild-Heerbrugg (Bild 62.9) — können vor allem im Gebirge oder auf Baustellen nützlich sein, wo man durch die örtlichen Verhältnisse des öfteren gezwungen wird, im Vor- und Rückblick verschieden lange Zielweiten zu nehmen.

Diesen Vorteilen stehen jedoch Nachteile gegenüber. Es entstehen zusätzliche Fehlerquellen, wie Schiefe des Fadenkreuzes, Konvergenz zwischen Visier- und Libellenachse, Konvergenz der beiden Libellenachsen u. a. Vor allem aber haben die minder zuverlässige Lagerung des Fernrohrs und die Erschütterungen beim Wälzen Fehler im Gefolge, die den vermeintlichen Gewinn oftmals übersteigen.

62.3 Justieren mit Kollimator: Unter einem Kollimator sei ein auf unendlich eingestelltes Fernrohr mit nicht zu kleiner Brennweite und beleuchtbarem Fadenkreuz verstanden, dessen Zielachse mit Hilfe einer umsetzbaren Libelle oder auf anderem Wege genau horizontiert werden kann. (Als Aushilfe kann ein sorgfältig justiertes und horizontiertes Feinnivellier mit nicht zu kleiner Brennweite dienen). Das zu justierende Nivellierinstrument (Prüfling), dessen Fadenkreuz ebenfalls auf unendlich eingestellt ist, richtet man, wie Bild 62.5 zeigt, auf den Kollimator ein. Dann bringt man

entweder mit Hilfe der Kippschraube des Nivelliers das Fadenkreuz des Prüflings mit dem des Kollimators zur Deckung und läßt seine Libelle mittels der Libellenjustierschrauben einspielen,

oder man läßt zuerst die Libelle des Prüflings einspielen und bringt dann sein Fadenkreuz mit Hilfe der Fadenkreuzberichtigungsschrauben mit dem Fadenkreuz des Kollimators zur Deckung.

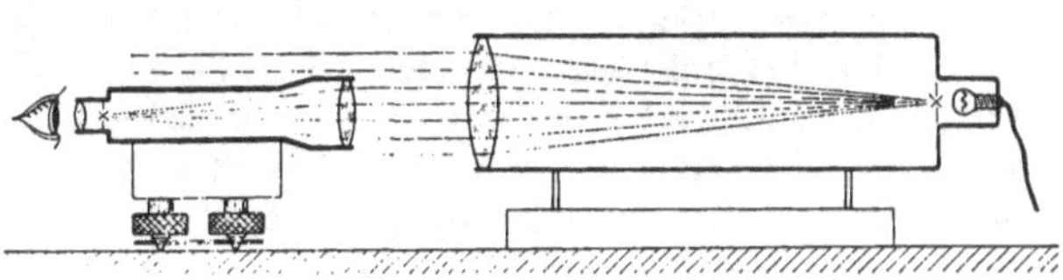

Bild 62.5 Nivellier und Kollimator

Ähnliche Möglichkeiten bietet der in der Zeitschrift „Vermessungstechnik“ 1964, S. 385 beschriebene Wendespiegel. Das Aufstellen solcher Einrichtungen lohnt sich immer, wenn häufig justiert werden muß.

62.4 Bau-, Ingenieur- und Feinnivelliere.

Nach ihren hauptsächlichen Verwendungszwecken werden die Nivellierinstrumente eingeteilt in Baunivelliere, Ingenieurnivelliere und Feinnivelliere.

62.41 *Baunivelliere* sind für einfache technische Höhenmessungen auf Baustellen, für Flächenaufnahmen und kurze Anschlußnivellements bestimmt, für die ein mittl. Fehler von ± 5 bis ± 10 mm auf 1 km ausreicht. Solche Instrumente haben norddeutschen oder auch süddeutschen Unterbau, Objektivdurchmesser von 25 bis 30 mm, 18- bis 25fache Fernrohrvergrößerung und Libellen mit 30″ bis 60″ Angabe auf 2 mm. Meistens kann die Libelle vom Stand aus im Spiegel abgelesen werden. Oftmals ist auch ein einfacher Horizontalkreis vorhanden. Eine Auswahl bekannter Typen ist auf Seite 116 in der Tafel I unter a) zusammengestellt. Als Anschauungsbeispiel zeigt Bild 62.6 das Baunivellier Nifix der Fa. F. W. Breithaupt u. Sohn, Kassel.

62.42 *Ingenieurnivelliere* dienen vornehmlich zu Ingenieurvermessungen wie Gleis-, Brücken- und Tunnelabsteckungen sowie zu Festpunktnivellements, für die ein mittl. Fehler von ± 2 bis ± 3 mm auf 1 km gefordert wird. Die neueren Ingenieurnivelliere mit Libellenhorizontierung sind ausnahmslos mit Kippschrauben ausgestattet.

Sie haben Objektivdurchmesser von 30 bis 40 mm, 25- bis 30fache Fernrohrvergrößerung und Koinzidenzlibellen (Bild 51.7 S. 88) mit Angaben von 20″ bis 30″ auf 2 mm, die vom Stand aus eingestellt werden können. Meistens sind sie mit einem Horizontalkreis ausgestattet. Zur Verfeinerung der Ablesung werden einige Typen auch mit aufsteckbaren Planplattenmikrometern der Art geliefert, wie sie nachstehend im Unterabschnitt „Feinnivelliere“ beschrieben werden. Eine Auswahl bekannter Typen ist auf Seite 116 in der Tafel I unter b) zusammengestellt. Als Anschauungsbeispiel zeigt Bild 62.7 das Ingenieurnivellier Nitac der Fa. O. Fennel GmbH. u. Co., Kassel.

Bild 62.6 Baunivellier Nifix von Breithaupt

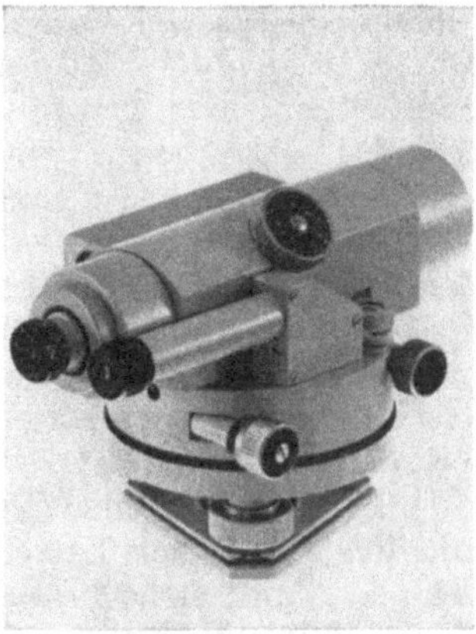

Bild 62.7 Ingenieurnivellier Nitac von Fennel

62.43 *Feinnivelliere* sind für Festpunktnivellements höchster Genauigkeit (mittl. Fehler $\pm$ 0,5 mm auf 1 km) bestimmt. Sie besitzen einen ähnlich konstruierten Unterbau wie die Ingenieurnivelliere; sie sind aber in allen Teilen etwas größer, haben schwerere Stative und feinere Schrauben; weitere Kennzeichen sind mindestens 40fache Fernrohrvergrößerung, Objektivdurchmesser von etwa 50 mm und Libellen mit 5 bis 10″ Angabe.

Die älteren Feinnivelliere sind in der Regel auf das Nivellieren mit Libellenausschlägen eingerichtet. Sie besitzen besonders ausgebildete Fadenkreuze, die man mit hoher Genauigkeit auf die Felder oder Striche der beim Feinnivellement bewährten Latten (Bild 64.1 c und d) einstellen kann, und 5″-Libellen mit durchlaufender Teilung, an denen die Ausschläge auf $^1/_{10}$ pars abgelesen werden können. Vgl. 72.4 Ziff. 1.

Die neueren Feinnivelliere sind durchweg mit den zuerst von H. Wild angegebenen Einrichtungen ausgestattet, die ein Feinnivellement mit einspielender Libelle erlauben. Dazu gehört zunächst eine Koinzidenzlibelle (Bild 51.7, S. 88), deren Angabe im Hinblick auf die hohe Einstellgenauigkeit beim Koinzidieren auf etwa 10″ bemessen wird. Vor dem Objektiv des Nivelliers ist sodann eine planparallele Platte von der Dicke d angebracht, die um eine horizontale Achse gedreht werden kann (Bild 62.8). Durch Drehen der Platte um den Winkel α wird die Zielachse parallel zu ihrer ursprünglichen Richtung um den Betrag $v \approx d\,(1 - 1/n) \tan \alpha$ verschoben, wobei n der Brechungsindex der Platte und α ihr Neigungswinkel ist. Mit diesem Planplattenmikrometer kann der Beobachter das Fadenkreuz auf einen Zentimeterstrich an der Latte einstellen und den Betrag v an der Trommel, mit der die Planplatte bewegt wird, in Millimetern ablesen. Um schließlich die Genauigkeit, mit der man das Fadenkreuz einstellt, möglichst unabhängig von der Entfernung zu machen, ist gewöhnlich eine Hälfte des Horizontalfadens durch zwei einen flachen Keil bildende Striche ersetzt, mit denen man den Lattenstrich gewissermaßen in die Zange nehmen kann; siehe in Bild 62.8 rechts der Ablesung an der linken Hälfte der Lattenteilung.

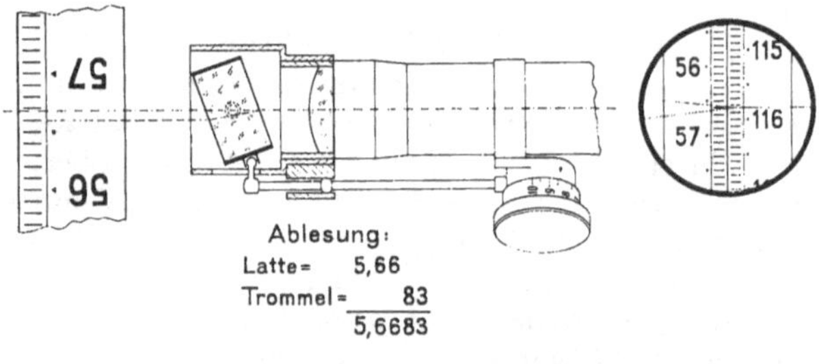

Bild 62.8 Planplattenmikrometer

Einige bekannte Feinnivelliere dieser Art sind auf Seite 116 in der Tafel I unter c) aufgeführt. Als Beispiel zeigt Bild 62.9 das Feinnivellier *N* 3 von Wild-Heerbrugg.

62.5 N i v e l l i e r t a c h y m e t e r. Die Bau- und Ingenieurnivelliere werden auch mit einfachen Horizontalkreisen geliefert, mit welchen in ebenem Gelände rohe Winkelmessungen vorgenommen werden können. Die Kreise sind etwa in ganze oder halbe Grade oder Gon geteilt und ermöglichen an einer einfachen Strichmarke, einem Nonius oder einem Strichmikroskop (Bild 62.10 rechts) Schätzungen bis zu 1—2 Minuten oder

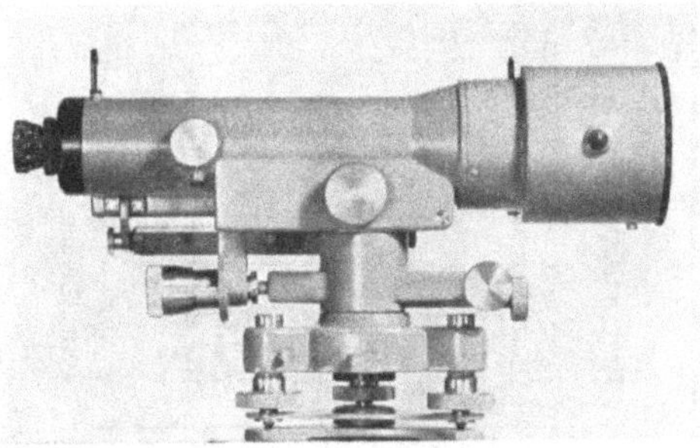

Bild 62.9 Feinnivellier N3 von Wild

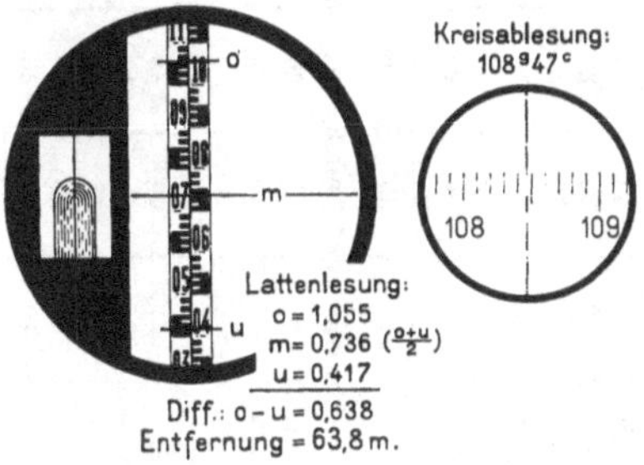

Bild 62.10 Ablesungen am Nivelliertachymeter

Zentigon. Solche Instrumente haben unter und über dem Mittelfaden des Fadenkreuzes sogenannte *Distanzfäden*, mittels derer die Entfernung zwischen Standpunkt und Latte auf einige Dezimeter genau bestimmt werden kann. Man liest hierzu Ober- und Unterfaden an der Latte ab, bildet die Differenz beider Ablesungen und multipliziert sie mit 100. Zu diesem Ergebnis hat man noch eine „Additionskonstante" hinzuzuzählen, die bei den meist älteren Instrumenten mit Okularauszug [53.12] etwa die $1^1/_2$fache Fernrohrlänge ausmacht, während sie bei neueren Instrumenten meistens vernachlässigt werden kann. Damit ist aus dem Nivellierinstrument das Nivelliertachymeter geworden, das in den Firmenprospekten

Tafel I. Libellennivelliere (Auswahl)

Hersteller	Type ohne Horizontalkreis	Type mit Horizontalkreis	Kipp-schr.	Fernrohr Ver-größ. [fach]	Fernrohr Obj. Öffng. [mm]	Libelle Angabe [″]	M. F. auf 1 km* Dopp. Niv. [mm]	Besonderheiten
a) Baunivelliere (mit Libellenspiegel)								
Breithaupt, Kassel	—	Nifix	vorh.	20	30	45	7	Horizontierstativ
Breithaupt, Kassel	Namal	Nagla	vorh.	30	25	25	5	
Ertel, München	—	BNL	vorh.	18	25	60	6	Horizontierstativ; Reibungskl.
Fennel, Kassel	Kipno	Kipni	vorh.	25	30	30	5	Ohne Kippschraube = „Bauno"
Jenoptik, Jena	Ni 060	—	vorh.	19	25	60	6	
Kern, Aarau	GK-O	GK-OC	vorh.	18	24	45	7	Horizontierstativ; Reibungskl.
Wild, Heerbrugg	—	NK 01	—	19	25	60	8	
Zeiss, Oberkochen	—	Ni 3 k	vorh.	19	25″	30″	5	
b) Ingenieurnivelliere (mit Koinzidenzlibelle)								
Askania, Berlin	Li.		vorh.	30	45	20	1,5	Planplatte
Breithaupt, Kassel	Naguk	Nakre	vorh.	30	40	20	2	
Fennel, Kassel	Igni	Nitac	vorh.	30	40	20	2	Libelle im Gesichtsfeld
Jenoptik, Jena	Ni 30		vorh.	25	35	30	2,5	Planplatte
Kern, Aarau	GK 1	GK 1-C	vorh.	22,5	30	45	3,3	Horizontierstativ; Reibungskl.
Kern, Aarau	GK 23	GK 23-C	vorh.	30	45	18	2	wie vor; dazu Planplatte
Miller, Innsbruck	Ni II	Ni IV	vorh.	26	36	20	2,5	
Wild, Heerbrugg	N 2	NK 2	vorh.	28	40	30	2,5	Wälzfernrohr; Wendelibelle
Wild, Heerbrugg	N 10	NK 10	vorh.	20	32	60	2,5	Koinz,-Libelle
c) Feinnivelliere (mit Koinzidenzlibelle und Mikrometer)								
Breithaupt, Kassel	Nabon	—	vorh.	42	50	8	0,25	Libelle im Gesichtsfeld
Fennel, Kassel	Plani	—	vorh.	24—42	65	10	0,28	Libelle im Gesichtsfeld
Jenoptik, Jena	Ni 004	—	vorh.	44	56	10	0,3	Koinz.-Libelle
Wild, Heerbrugg	N 3	—	vorh.	42	50	10	0,2	wie vor

* Nach Firmenangabe; unter a) und b) ohne Verwendung eines aufsetzbaren Planplattenmikrometers.

gewöhnlich als Nivellier mit Horizontalkreis bezeichnet wird. Wegen der theoretischen Grundlagen der optischen Distanzmessung wird auf Band III, 32 verwiesen.

63 Nivellierinstrumente mit selbsthorizentierender Ziellinie

63.1 Optisch-mechanische Grundlagen. Während die Zielachse eines Libellennivelliers nur mit Hilfe einer Fuß- oder Kippschraube horizontiert werden kann, pendelt die Visierlinie der im Bild 63.1 skizzierten Pendelwaage sich unter dem Ein-

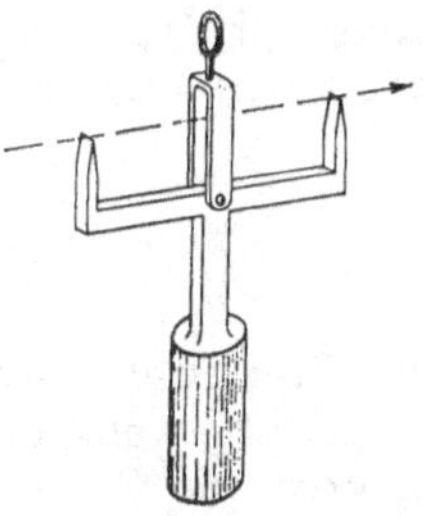

Bild 63.1 Pendelwaage

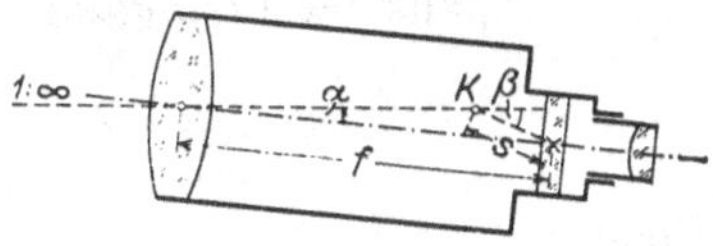

Bild 63.2 Selbsthorizontierende Ziellinie

fluß der Schwerkraft selbsttätig in die Waagerechte ein. Ausgehend von diesem Grundgedanken brachten im Jahre 1950 die Zeiss-Werke in Oberkochen ein Ingenieurnivellier heraus, dessen Zielachse sich mit Hilfe eines der Schwerkraft folgenden mechanischen Bauelements automatisch horizontal stellt. Dieses inzwischen hervorragend bewährte Instrument mit der Typenbezeichnung *Ni* 2 hat nicht nur eine Erhöhung der Meßgeschwindigkeit um 30 bis 40% mit sich gebracht, sondern es liefert in der Standardausführung einen mittl. Kilometerfehler von $\pm$ 1 mm und mit einem zusätzlichen Plattenplanmikrometer und einer Invarbandlatte beim Beachten der Regeln in 72.4 sogar von $\pm$ 0,7 mm, also fast die Genauigkeit eines Feinnivelliers.

Aufgrund der eindrucksvollen Erfolge des *Ni* 2 bauen heute fast alle in- und ausländischen Hersteller geodätischer Instrumente Nivellierinstrumente mit selbsthorizontierenden Ziellinien, für die sich inzwischen die Bezeichnung „automatische Nivelliere“ eingebürgert hat. Die dabei zu bewältigende Aufgabe läßt sich sehr leicht an dem im Bild 63.2 skizzierten Nivellierfernrohr erläutern. Wird das Fernrohr um den Winkel α auf- oder abwärts geneigt, so entsteht das Bild eines im Instrumentenhorizont liegenden fernen Gegenstandpunktes zwar in der Brennebene des Objektivs, aber um den Betrag $f \tan \alpha \approx f\,\alpha$ nach unten oder oben versetzt. Um das Bild in das Strichkreuz zu verlegen, muß der horizontale Zielstrahl in dem Punkt K durch ein zusätzliches Bauelement — Regler oder Kompensator genannt — so abgelenkt werden, daß er den Horizontalstrich des Strichkreuzes schneidet. Der Ablenkungswinkel β aber ergibt sich, wenn K um die Strecke s von der Strichplatte entfernt liegt, aus der Bedingung $f\alpha = s\beta$ mit

$$\frac{f}{s} = n \quad \text{zu} \quad \beta = n \cdot \alpha \tag{1}$$

Wenn z. B. $s = f/2$ — also gleich der halben Brennweite des Objektivs — ist, so wird nach (1) $n = 2$. Also müßte, wenn im Bild 63.2 der Punkt K mitten zwischen Objektiv und Strichplatte läge, der horizontale Zielstrahl in K um $\beta = 2\alpha$ nach unten abgelenkt werden. Um das zu erreichen, kann man vgl. die Bilder 63.3 und 63.4 — in den Strahlengang zwei einander

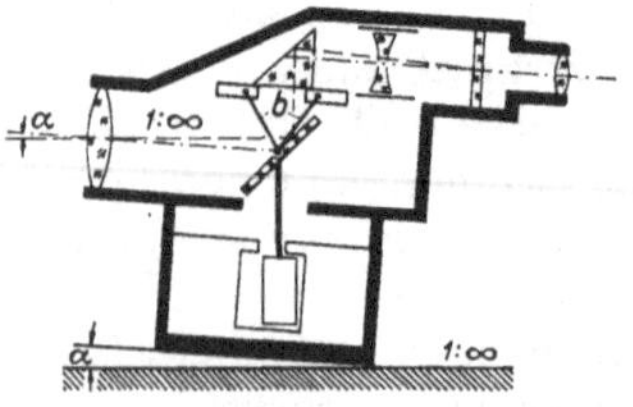

Bild 63.3 Askania Na

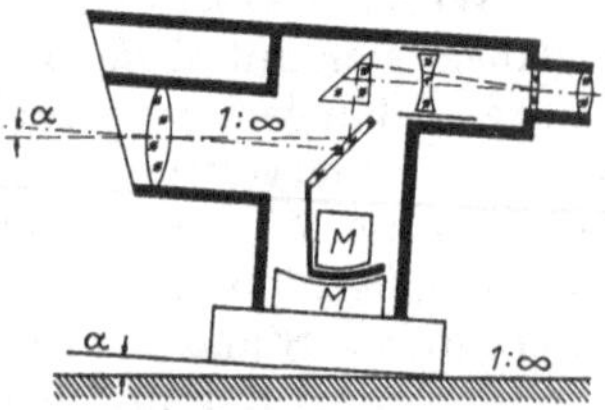

Bild 63.4 Breithaupt-Autom

zugekehrte und bei horizontaler Visur einander parallele Spiegel (oder spiegelnde Prismen) einbauen, von denen einer fest mit dem Fernrohr verbunden ist, während der andere, der beschränkt beweglich ist, durch ein Pendel in immer gleichbleibender Neigung zur Horizontalen gehalten wird. Kippt man nun das Fernrohr und mit ihm den festeingebauten Spiegel um α, so schließen die Ebenen dieses Spiegels und des durch das Pendel gesteuerten Spiegels den Winkel α ein, und es wird wie beim Winkelspiegel [22.2] der an den beiden Spiegeln reflektierte Strahl um $\beta = 2\alpha$ aus seiner ursprünglichen Richtung zum Horizontalstrich der Strichplatte hin abgelenkt. Der feste Spiegel, der pendelnde Spiegel und eine Dämpfungseinrichtung, die die Bewegungen des Pendelspiegels schnell abklingen läßt, bilden den Kompensator.

Kompensatoren mit $\beta = 2\alpha$ nehmen jedoch ziemlich viel Raum ein und behindern dadurch die Fokussierungslinse. Vielfach wird daher $n > 2$ gewählt. Dazu benutzen einige Firmen Kompensatoren, bei denen der Zielstrahl zweimal reflektiert wird und erreichen damit, daß $\beta = 4\alpha$ und $s = f/4$ wird. Beim *Ni*2 von Zeiss-Oberkochen ist mittels einer Kombination von optischen und mechanischen Bauteilen s zu $f/6$ gemacht worden.

Andere Firmen haben noch andere Lösungen gefunden. Überhaupt gehen schon infolge der Patentgesetzgebung die meisten Firmen eigene Wege, so daß heute eine fast verwirrende Vielfalt von Kompensatoren benutzt wird.

63.2 Kompensatorformen. Um die Übersicht zu erleichtern, seien einige Haupttypen von Kompensatoren herausgestellt:

Zwei bei horizontaler Visur um 50^{gon} geneigte Spiegel oder spiegelnde Prismen sind die einfachste Lösung. Diese findet sich z. B. in den bereits genannten Typen Askania-*Na* (Bild 63.3) und im Breithaupt-Autom (Bild 63.4). Beim Askania-*Na* ist der bewegliche Spiegel auf einer an zwei feinen Gelenkbändern *b* hängenden Achse angebracht; beim Autom ist er an einem quer zur Zielrichtung gespannten Torsionsband befestigt. Zum Dämpfen der Schwingungen greift beim *Na* ein Druckkolben in einen Zylinder, in dem das Spiel so klein gehalten ist, daß Lufttaschen entstehen (Luftdämpfung). Beim Autom umfaßt ein Magnet den unteren Teil des Pendels, so daß die bei der Pendelbewegung entstehenden Wirbelströme die Schwingungen abklingen lassen.

Beim Ni 025 der Jenoptik und beim Auban von Fennel ist zwecks abermaliger Spiegelung zusätzlich ein Dachkantprisma eingebaut und damit $n = 4$ und $s = f/4$ geworden. Dadurch konnte der Kompensator nahe der Strichplatte angeordnet und der Instrumentenhorizont in den Schnittpunkt von Fernrohrachse und Stehachse gelegt werden. Die Wirkungsweise des Kompensators im *Ni* 025 kann man aus der Prinzipskizze (Bild 63.5) ohne weiteres entnehmen. Beim Fennel-Auban (Bild 63.6) bilden die beiden an Fäden aufgehängten oberen Prismen den beweglichen Kompensatorteil, während das darunter befindliche Dachkantprisma mit dem Instrument fest verbunden ist. Beide Typen haben Luftdämpfung.

Zwei bei horizontaler Visur im Erdlot hängende Spiegel finden sich in den Spiegellinsenfernrohren des Nivelliers *V* der Firma Miller-Innsbruck und des GK 1-A von Kern-Aarau. In beiden Typen ist der bewegliche Spiegel um $f/2$ vom Objektivhauptpunkt entfernt. Bei Miller (Bild 63.7) hängt er an zwei Fäden; bei Kern (Bild 63.8) pendelt statt des Spiegels ein Dachkantprisma um eine magnetisch hochleitfähige Weicheisenachse, die von einem jochförmigen Permanentmagneten reibungsarm gehalten wird. Die Stelle des festen Spiegels vertreten in beiden Instrumenten zwei einander unter 100^{gon} zugeneigte Spiegel oder spiegelnde Prismen. Beide Typen haben Luftdämpfung.

Ein von einem federnden Stab getragenes Prisma bildet den beweglichen Teil in den Nivellieren BNA 65 und INA 65 der

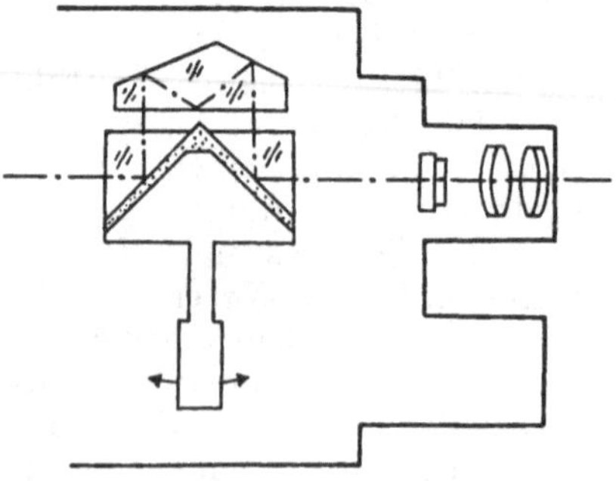

Bild 63.5 Jenoptik 025

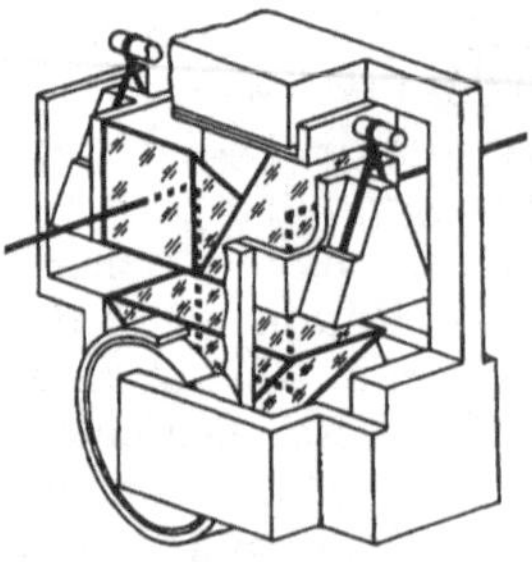

Bild 63.6 Fennel Auban

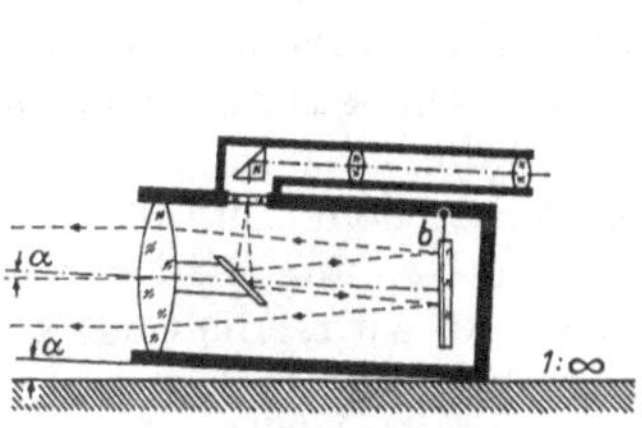

Bild 63.7 Miller Ni V

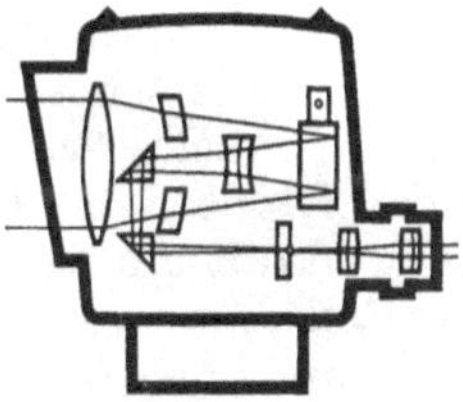

Bild 63.8 Kern GK 1-A

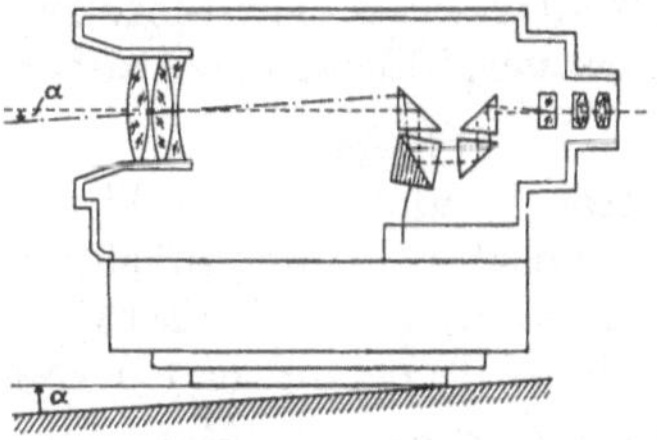

Bild 63.9 Ertel INA

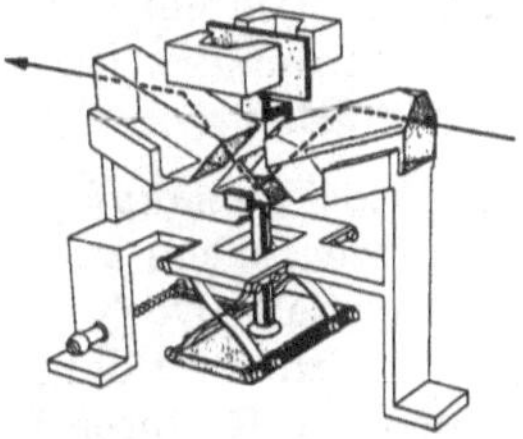

Bild 63.10 Wild NA 2

Firma Ertel und im Wild-NA 2. Bei Ertel sind von den vier im Bild **63.9** sichtbaren Prismen das obere der beiden linken Prismen und die beiden rechts davon einander zugekehrten Prismen fest eingebaut. Das untere der beiden linken Dreiseitprismen ruht auf dem durch die Masse des Prismas auf Biegung beanspruchten „astatischen Pendel", dessen oberes Ende in dem um α gekippten Fernrohr um β ausschwingt.

Der Wildsche Kompensator besteht ebenfalls aus **3** Prismen. Das rhombische Prisma oben links im Bild **63.10** und das Dachkantprisma oben rechts sind fest eingebaut. Zwischen ihnen befindet sich ein durch Federgelenke gehaltenes spiegelndes Dreiseitprisma, das dem Einfluß der Schwerkraft unterliegt. In den Ertelschen Instrumenten werden die Pendelschwingungen durch die Wirbelströme gebremst; ebenso im Wild NA 2.

Ein *Gelenkviereck zum Steuern des beweglichen Prismas* ist das Charakteristikum des Kompensators des Ni 2. Er besteht gem. Bild **63.11** aus **3** Prismen, von denen die beiden äußeren fest in den Fernrohrkörper so eingebaut sind, daß sie die einfallenden Strahlen durch das dritte spiegelnde Prisma hindurch lenken. Dieses aber hängt pendelnd an den 4 Drähten eines Gelenkvierecks, das so bemessen ist, daß die spiegelnde Fläche beim Kippen des Fernrohrs um α unter dem Einfluß der Schwerkraft die Neigung 3α erhält. Diese Neigung wird durch die Reflexion noch verdoppelt, so daß $n = 6$ wird. Alle Gelenke sind, um Spiel und Reibung auszuschalten, als Federgelenke ausgebildet. Das okularseitige feste Prisma ist ein Dachkantprisma, so daß im Gesichtsfeld im Zusammenwirken mit den 3 Reflexionen ein aufrechtes seitenrichtiges Bild entsteht. Die Luftdämpfung ist im Bild 63.12 (stark vergrößert) schematisch dargestellt.

Ein als Gelenkviereck ausgebildetes Pendel hat die Firma Zeiss-Oberkochen auch für den Kompensator des Feinnivelliers Ni 1 gewählt. Doch wurde, um die Eigenfrequenz der schwingenden Teile und damit die Störanfälligkeit gegenüber den von außen — z. B. durch vorbeifahrende Fahrzeuge — aufgezwungenen Schwingungen herabzusetzen, das System des Ni 2-Kompensators so abgewandelt, daß ein neuer *Langkompensator* mit einer reduzierten Pendellänge von 1,12 m entstand. Das Bild 63.13 gibt einen schematisierten Seitenriß. Darin bezeichnet P_1 das zur Seitenvertauschung mit einer Dachkante versehenen festeingebaute Umlenkprisma. P_2 ist ein zweimal reflektierendes pendelndes Prisma. Dieses hat bei passend gewählter Drehachse die Wirkung einer Planplatte und ruft damit den Kompensationseffekt hervor, der beim Ni 2-Kompensator durch Spiegelung an der Grundfläche des beweglichen Prismas entsteht. Schließlich wird durch die dreimalige Reflexion das Bild aufgerichtet.

Pendelnde Bauteile in vertikal aufgebauten Nivellieren ergeben eine besonders einfache Kompensation. Bei dem Nivellier 5190 der Filotecnica Salmoiraghi-Mailand (Bild 63.14) pendelt die Strichplatte an 3 Stahlfäden von der Länge f, d. h. $f = s$, $n = 1$. Dadurch stimmen Zielachse und Lotlinie überein, und die durch Spiegel und Prismen abgeknickte Zielachse verläuft außerhalb des Instruments horizontal. Der kippbare Spiegel im Kopf dient gleichzeitig als Mikrometer.

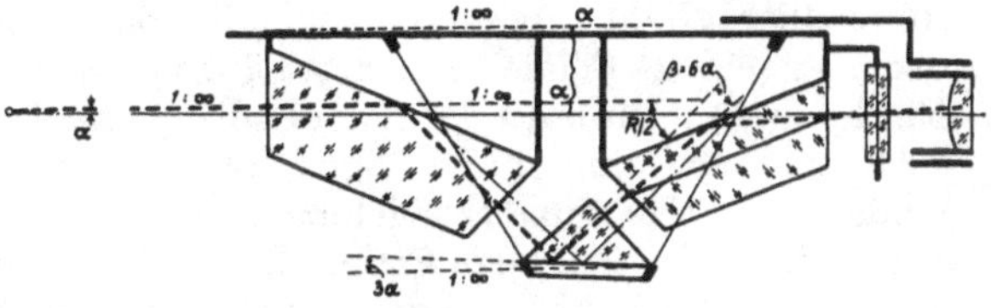

Bild 63.11 Zeiss Ni 2

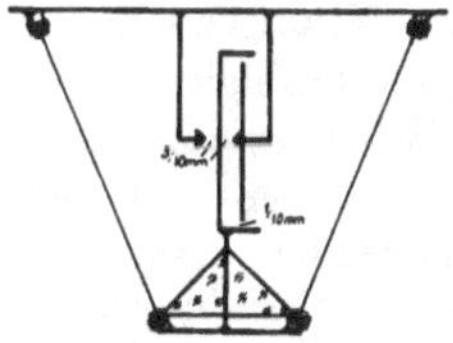

Bild 63.12 Luftdämpfung Ni 2

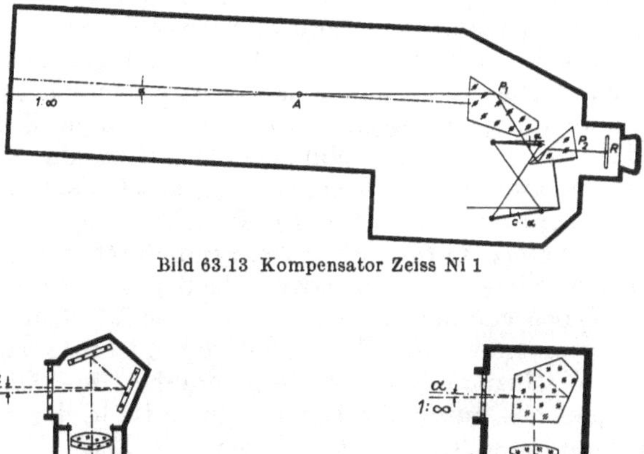

Bild 63.13 Kompensator Zeiss Ni 1

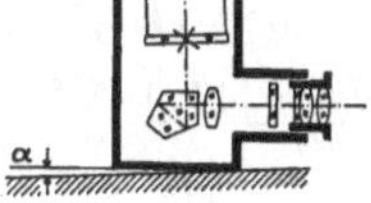

Bild 63.14 Salmoiraghi 5190

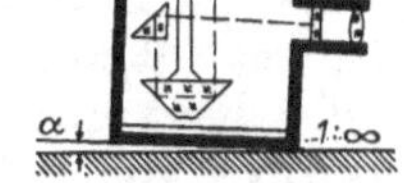

Bild 63.15 Jenoptik 007

Im Feinnivellier Ni 007 der Jenoptik (Bild 63.15) ist ein 100^{gon}-Prisma an einem Pendel von der Länge $s = f/2$ angebracht. Ein horizontal einfallender Strahl gelangt nach rechtwinkliger Abknickung durch ein Pentagon, zweifache Reflexion an dem pendelnden Prisma und Spiegelung an einem Dachkantprisma stets auf den horizontalen Strich der Strichplatte. Das Pentagon im Kopf ist kippbar und damit gleichzeitig als Mikrometer verwendbar.

Eine *in den Strahlengang eingeschaltete Dosenlibelle* bildet den Kompensator des Oberkochener Ni 4. Die durch die Grundfläche und die untere Seite der Libellenblase begrenzte Libellenflüssigkeit bildet, wie das Bild 63.16 erkennen läßt, eine plankonvexe Zerstreuungslinse. Bei schief stehender Stehachse durchdringen die einfallenden Strahlen aber nicht deren Zentrum, sondern eine der dickeren Randpartien und werden dadurch bei passender Dimensionierung aller Teile so abgelenkt, daß die Neigung der Stehachse kompensiert wird.

63.3 Bau-, Ingenieur- und Feinnivelliere. Wie die Libellennivelliere unterteilt man auch die automatischen Nivelliere in Bau-, Ingenieur- und Feinnivelliere. Im Hinblick auf ihren Verwendungszweck gilt wieder das, was in Ziff. 62.4 gesagt ist. Jedoch ist eine einfache Klassifizierung, die der dortigen Einteilung nach Libellenangaben und Objektivöffnung entspricht, bei den automatischen Nivellieren nicht möglich. Schon ihre äußere Form, die vorwiegend durch die Arbeitsweise des jeweiligen Kompensators bedingt ist, weicht bei manchen Typen von dem gewohnten Bild der Libellennivelliere völlig ab. Nur eine Äußerlichkeit gilt für alle automatischen Nivelliere: Sie benötigen keine Kippschraube. Eine Übersicht über die gängigen automatischen Nivelliere ist in der Tafel II auf S. 126 enthalten; einige Bilder mögen diese Liste illustrieren.

Ein *typisches Baunivellier* ist zunächst das zuletzt erwähnte Ni 4 (Bild 63.17). Es ist ein einfaches, robustes Nivellier ohne schwingende Teile, das mit Hilfe eines schaltfreien Grob-Feintriebes schnell eingerichtet werden kann. Die Lupe für die Dosenlibelle dient gleichzeitig als optische Visureinrichtung. Auch das BNA von Ertel (Bild 63.18) ist ein typisches Baunivellier. Es läßt sich mit einem Kugelkopfstativ sehr schnell

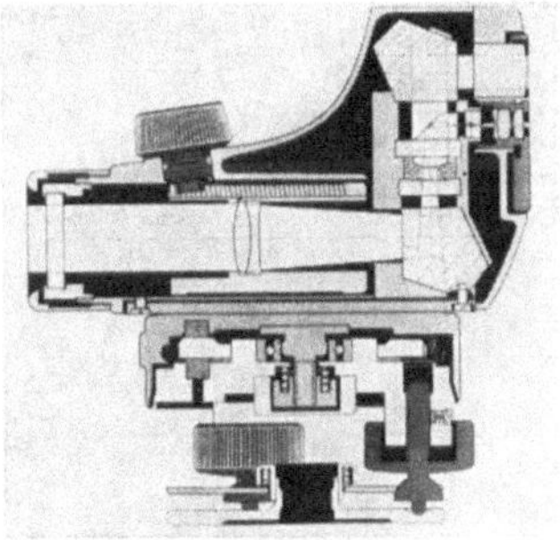
Bild 63.16 Zeiss-Ni 4 (Schnitt)

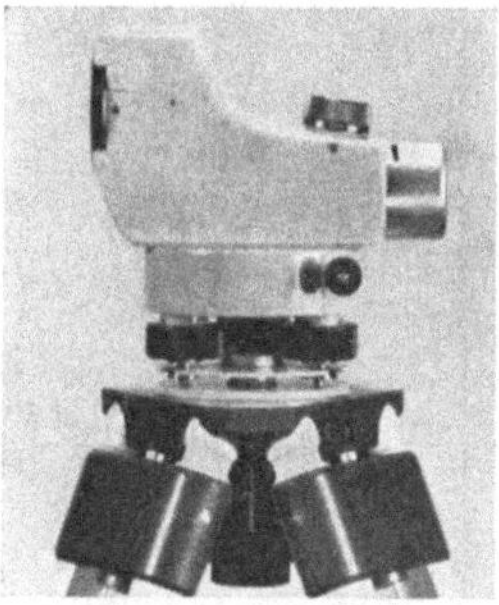
Bild 63.17 Zeiss-Ni 4 (Ansicht)

Bild 63.18 Ertel BNA

Bild 63.19 Kern GK1-A

horizontieren und mit Hilfe eines endlosen Seitenfeintriebes auch schnell orientieren.

Als *Ingenieurnivellier* ist das Ni 2 von Zeiss-Oberkochen bereits beschrieben und im Bild 63.20 wiedergegeben. Außer mit einem Planplattenmikrometer kann das Ni 2 zusätzlich mit einer Vorsatzlinse für kurze Zielweiten, mit einem Vorsatzprisma für Lotungen, einem Astrolabium für astronomische Orts- und Zeitbestimmung und einem Scheinwerferzusatz ausgerüstet werden. 2 × 2 Ni 2 können zu einer Talübergangsausrüstung kombiniert werden [72.4]. Eine etwas vereinfachte Ausführung dieses Nivelliers wird unter der Bezeichnung Ni 22 ausgeliefert.

Tafel II. Automatische Nivelliere (Auswahl)

Hersteller	Type ohne Horizontalkreis	Type und Horizontalkreis	Fernrohr Vergröß. [fach]	Fernrohr Obj. Öffng. [mm]	Kompensator; Dämpfung	M. F. auf 1 km* Dopp. Niv. [mm]	Besonderheiten
a) Baunivelliere							
Ertel, München	BNA	65	24	30	Prisma an Stabpendel; Wirbelstr.	± 4	Horizontierst.
Fennel, Kassel	Aubon	Auban	20	30	Pendelndes 2. Porrosystem; Luft	± 5	
Zeiss, Oberkochen		Ni 4	16	20	Blase der Dosenlibelle; —	± 6	
b) Ingenieurnivelliere							
Askania, Berlin	NA 1		25	36	Pendelspiegel; Luft	± 2	
Breithaupt, Kassel	Autom	Aucir	27	33	Pendelspiegel; magnetisch	± 2	Planplatte
Ertel, München	INA 65		32	40	Prisma an Stabpendel; Wirb.str.	± 2	Hor-st; Planpl.
Fennel, Kassel	Auing	Autac	32	40	Pendelndes 2. Porrosystem; Luft	± 2	Planplatte
Jenoptik, Jena	Ni 025		20	30	2 Prismen an Pendel; Luft	± 2,5	
Kern, Aarau	GK 1-A	GK 1-C	25	41	Pendelprisma; Luft	± 2,5	Horizontierst.
Miller, Innsbruck	Ni V		36	45	Pendelspiegel; Luft	± 2,5	Horizontierst.
Wild, Heerbrugg	NA 2	NAK 2	30	45	Prisma an astat. Pendel; Wirb.str.	± 1,5	Planplatte
Zeiss, Oberkochen	Ni 2		31,5	40	Pendel an Gelenkviereck; Luft	± 0,7	Planplatte
c) Feinnivelliere (mit Mikrometer)							
Jenoptik, Jena	N. 007	—	32	40	2 × reflekt. Pendelprisma; Luft	± 0,5	Kippbares Pentag. als Mikrom.
Salmoiraghi Maild.	5190	—	30	45	Pendelnde Strichplatte; Luft	± 0,25	
Zeiss, Oberkochen	Ni 1	—	30, 40, 50	50	Pendel an 4 gekr. Drähten; Luft	± 0,2	

* Nach Firmenangaben; unter a) und b) ohne Verwendung eines aufsetzbaren Planplattenmikrometers.

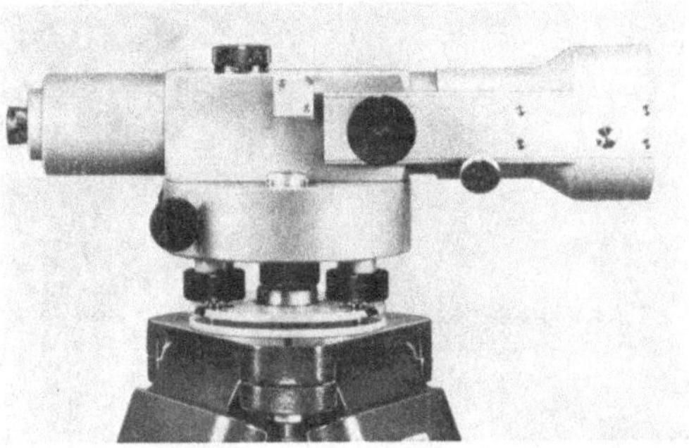

Bild 63.20 Zeiss-Oberkochen, Ni 2 mit Planplattenmikrometer

Völlig andere konstruktive Grundlagen besitzt das Ingenieurnivellier GK 1-A der Firma Kern (Bilder 63.8 und 63.19). Es hat wie alle Kern-Instrumente keine Fußschrauben, sondern es wird durch Verschieben der konischen Auflagefläche auf der Kugelfläche des Stativs nach einer Dosenlibelle grob horizontiert. Die Klemmschraube für die Seitenbewegung ist durch eine Rutschkupplung ersetzt. — Das Wild NA 2 (Bilder 63.10 und 63.21) ist als Ingenieurnivellier entworfen. Mit Hilfe von Planplattenmikrometer, Keilstricheinstellung und Invarlatte liefert es bei Beachtung der Regeln 72.4 nahezu die Genauigkeit eines Feinnivelliers. Wegen des unter dem Okular sichtbaren „Kontrollknopfs" siehe 63.42.

Ein *automatisches Feinnivellier* ist das Ni 007 der Jenoptik (Bild 63.22). Der ungewohnte Aufbau dieses sehr soliden Instruments ist durch die Art des Kompensators (Bild 63.15) bedingt; nach Ausschalten des Mikrometers kann das Instrument auch als Ingenieurnivellier eingesetzt werden.

Ein typisches automatisches Feinnivellier ist ferner das Ni 1 von Zeiss-Oberkochen, das serienmäßig mit einem Objektiv von 50 mm Durchmesser, einem (auswechselbaren) fünflinsigen Okular, 40facher Vergrößerung und einem 10 mm-Planplattenmikrometer mit Schätzung auf 0,01 mm ausgerüstet ist (Bild 63.23). Wegen des Kompensators vgl. Bild 63.13 und den zugehörigen Text.

Bild 63.21 Wild NA 2

Bild 63.22 Jenoptik 007

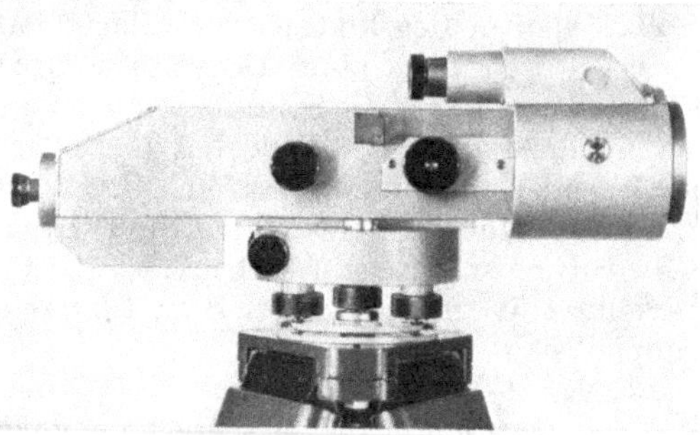

Bild 63.23 Zeiss-Oberkochen Ni 1

63.4 Regeln für den Gebrauch automatischer Nivelliere.

63.41 *Prüfen und Berichtigen.* Ein automatisches Nivellier muß zwei Bedingungen erfüllen:

a) Die Tangentialebene im Mittelpunkt der Dosenlibelle muß normal zur Stehachse des Instruments liegen; Berichtigung nach 51.1.

b) Bei freischwingendem Kompensator muß die Zielachse horizontal sein; Prüfung durch Nivellieren aus der Mitte nach 62.2 oder mit Hilfe eines Kollimators nach 62.3. Berichtigen bei der Mehrzahl der automatischen Nivelliere durch Verschieben der Strichplatte; beim Filotechnica 5190 und Zeiss Ni 4 durch Drehen des schwach keilförmig ausgebildeten Abschlußglases vor dem Objektiv.

63.42 *Horizontieren.* Um den Kompensator vor Beschädigungen beim Transport zu schützen, ist der Bewegungsraum des pendelnden Kompensatorteils [63.1] durch Anschläge begrenzt. Damit das Pendel frei schwingt, muß daher die Dosenlibelle einerseits sorgfältig justiert und andererseits sorgfältig eingespielt werden. Trotzdem kann es vorkommen, daß das Pendel am Anschlag klebt. Vor der Ablesung soll man deshalb leicht an den Stativteller klopfen und sich vergewissern, daß das Pendel schwingt. Beim Modell NA 2 von Wild erreicht man dasselbe durch einen Druck auf den im Bild 63.21 Mitte rechts sichtbaren Kontrollknopf.

63.43 *Die Horizontschräge.* Unzureichende Justierung und einseitige Handgriffe beim Einspielenlassen der Dosenlibelle beim Horizontieren können aber auch bewirken, daß in einer Visurrichtung eine leichte Überkompensation und in der entgegengesetzten Richtung eine gleich große Unterkompensation entsteht. Die Zielachse liegt dann schräg zum Horizont; der Fehler fällt also beim Nivellieren aus der Mitte nicht heraus. Da die Dosenlibelle gewohnheitsgemäß fast immer bei rückwärtsweisendem Fernrohr eingespielt wird, hat die Horizontalschräge einen besonders beim Feinnivellement spürbaren systematischen Fehler zur Folge, der durchaus die Größenordnung von $\pm$ 5 mm/1 km erreichen kann. Dieser Fehler fällt bei Doppelnivellements durch Mitteln von Vor- und Rückweg heraus. Er läßt sich ferner weitgehend eliminieren, wenn man z. B. bei der 1., 3., 5. usw. Aufstellung das Instrument bei rückwärtszeigendem Fernrohr und bei der 2., 4., 6. usw. Aufstellung bei vorwärtszeigendem Fernrohr horizontiert. Eine teilweise Elimination erwartet die Firma Wild auch durch den obengenannten Kontrollknopf.

63.44 *Periodische Erschütterungen* durch Verkehr, Bau, starken Wind und dergl. beeinflussen den empfindlichen Kompensator viel stärker als die ziemlich träge Libelle. In solchen Fällen ist also ein Libellennivellier vorzuziehen. Soll trotzdem mit einem Kompensatornivellier gemessen werden, so wird man, weil die genannten Störungen auch das Stativ zu Schwingungen anregen, dieses durch kräftiges Eintreten in den Untergrund gewissermaßen verspannen. Man kann ferner — ein alter Trick erfahrener Nivelleure — die Stativschwingungen erheblich dämpfen, indem man eine Hand leicht auf den Stativteller legt oder im Augenblick der Ablesung zwei Stativbeine leicht anfaßt.

Gegen Temperaturänderungen sind die Kompensatoren wesentlich weniger empfindlich als die Libellen. Ein Sonnenschirm ist daher nur bei Feinnivellements erforderlich.

64 Nivellierlatten

64.1 Einfache Nivellierlatten sind 3 bis 5 m lang und 6 bis 8 cm breit; sie sind aus trockenem Kiefernholz gefertigt und oftmals zur Versteifung mit Rippen versehen. Ein Ölanstrich und ein wetterfester Lack schützen sie gegen Feuchtigkeit. Zur Transporterleichterung werden Klapp- und Schiebelatten gefertigt.

Die Vorderseite der einfachen Latte (Bild 64.1a) ist in cm-Felder eingeteilt und nach dm so beziffert, daß die Zahlen in dem dm-Abschnitt stehen, in dem die cm abgelesen werden. Diese Teilung wird aufgrund ihres Aussehens als E-Teilung bezeichnet; bei einer anderen Ausführung ist in jedem zweiten dm-Feld die cm-Teilung nach rechts umgeklappt (Bild 64.2 L 3 und L 4). Oftmals sind die Ziffern und die Teilung für die ungeraden Meter schwarz und für die geraden Meter rot angelegt. Der Nullpunkt der Teilung soll mit der Unterseite der Grundplatte zusammenfallen. Die Zahlen sind auf den Latten für bildumkehrende Fernrohre — d. h. für die meisten Libellennivelliere — umgekehrt aufgetragen, damit sie im Fernrohr leserecht erscheinen. Auf Latten für bildaufrichtende Fernrohre — also für die meisten automatischen Nivelliere — stehen sie aufrecht. Siehe auch das DIN-Blatt 18703, Nivellierlatten mit Felderteilung.

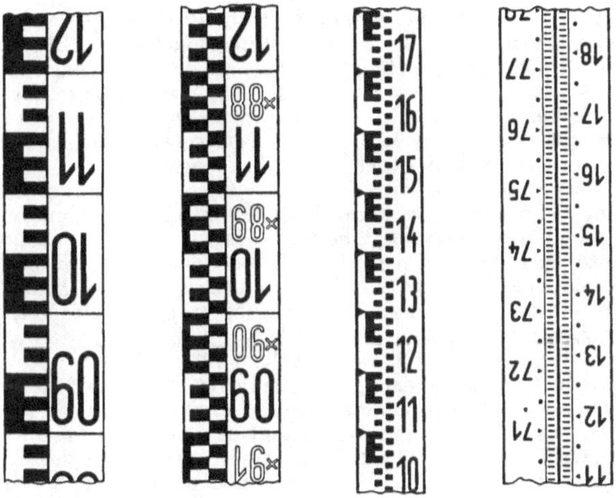

a b c d

Bild 64.1

a Einfache Nivellierlatte; b Dekadisch bezifferte Schachbrettlatte; c Halbzentimeterlatte; d Invarbandlatte mit 2 Skalen.

64.2 Nivellierlatten mit Sonderteilungen. Die Bilder 64.1b bis d zeigen Teilungen mit besonderen Eigenschaften. Bild b und c besitzen die sogenannte Schachbretteilung; diese soll Schätzungsfehlern entgegenwirken, die dadurch entstehen, daß die weißen Felder, vor allem bei heller Beleuchtung, größer als die schwarzen erscheinen. Bild 64.1d hat eine Strichteilung.

Die Teilungen c und d sind hauptsächlich für Feinnivellements bestimmt. Sie sind zur Verfeinerung der Ablesung in $^1/_2$ cm eingeteilt, die wie cm beziffert sind. Man muß also die mit ihnen erhaltenen Werte für die Höhenunterschiede bei der Schlußaufrechnung halbieren. Die Strichlatte d setzt man gern bei Verwendung von Feinnivellieren mit Planplattenmikrometer ein, um das Fadenkreuz scharf auf die Grenze zweier benachbarter Zentimeter- bzw. Halbzentimeterfelder einstellen zu können. Im einzelnen ist zu den Latten mit den Teilungen b und d noch folgendes zu sagen:

Die Latte b besitzt eine *dekadische* Teilung; sie trägt neben der gewöhnlichen Bezifferung die sogenannten dekadischen Ergänzungen. Diese bilden die Zehnerergänzungen zu den gewöhnlichen Zahlen. So ist z. B. $-1{,}417 = -10 + 8{,}583 = \times 8{,}583$, wobei das Kreuz eine negative Einheit an der Stelle bedeutet, an der es steht. Die dekadischen Zahlen erleichtern, wie in 72,3 gezeigt werden wird, die Aufrechnung, indem sie die Subtraktion durch die Addition ersetzen.

Die Latte d ist eine *Zweiskalenlatte*; solche Latten besitzen zwei Teilungen, von denen nur eine mit Null, die andere mit einem unrunden Betrag, der Lattenkonstante, beginnt. Ist je eine Teilung auf der Vorderseite und der Rückseite der Latte angeordnet, so heißen die Latten *Wendelatten*. Zweiskalenlatten gewähren, wenn beide Skalen abgelesen werden, einerseits ziemliche Sicherheit gegen Ablese- und einseitige Schätzfehler; zum anderen kann man damit, wie in 72.3 erläutert werden wird, zwei Parallelnivellements ausführen und dadurch eine spürbare Genauigkeitssteigerung erzielen. Eine Sonderausführung der Latte d ist die *Invarbandlatte*; solche Latten sind zum Schutz gegen Temperaturauswirkungen auf die Lattenlänge mit einem aus dem temperaturunempfindlichen Metall Invar gefertigten Band versehen, das unter Federspannung in eine Kerbe des Holzrahmens verlegt ist. Sehr verbreitet ist die für Feinnivellements bestimmte Invarbandlatte, Bild 64.1 d, die zwei gegeneinander versetzte Halbzentimeterstrichteilungen trägt.

64.3 Firmeneigene Nivellierlatten. Mehrere Instrumentenfirmen haben Latten entwickelt, die vornehmlich zum Gebrauch bei den von der betreffenden Firma gebauten Nivel-

S = Strichteilung
2S = 2 versetzte Strichteilungen
ES = E-Schachbrettteilung
TD = Teil-Digitalisiertes Bild
EW = E-Teilung mit Dezimeter-Wechsel

Bild 64.2 Teilungsbilder

lierinstrumenten bestimmt sind. Als Beispiel zeigt das Bild 64.2 die Teilungsbilder der Latten von Zeiss-Oberkochen, die auf den mit gelber Grundfärbung versehenen Latten in schwarzer oder roter Farbe aufgebracht sind.

Mit diesen Teilungsbildern werden u. a. folgende Latten geliefert:

Bezeichnung	Material	Länge	Teilung	Ziffern- stellung	Ziffern- farbe	empf. für
L_1	Invar	3 m	1 cm; 2S	aufrecht	schwarz	Ni 1
L_{12}	Invar	3 m	1/2 cm; ES	aufrecht	schwarz	Ni 2*
L_2	Holz	4 m	1 cm; TD	aufrecht	schwarz	Ni 2**
L_{22}	Holz	4 m	1 cm; EW	aufrecht		Ni 22
L_3	Holz	4 m	1 cm; EW	gekehrt	gerade Meter schwarz, ungerade rot	Ni 3
L_4	Holz	4 m	1 cm; EW	aufrecht		Ni 4
L_{21}	Holz	3 m	1 cm; ES	aufrecht	schwarz mit Reflexbelag	versch.

* Bei Feinnivellements mit Planplatten mikrometer.

** Bei Ingenieurnivellements; teildigitalisiert zwecks Vermeidung von 5 cm-Fehlern.

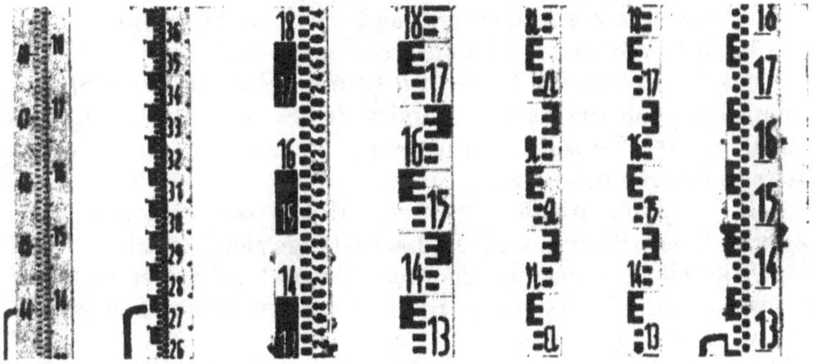

L_1 L_{12} L_2 L_{22} L_3 L_4 L_{21}

Bild 64.3 Nivellierlatten von Zeiss—Oberkochen

64.4 Lattenzubehör. Jede Nivellierlatte muß mit einem Lattenrichter (Bild 21.2, S. 28) oder mit einer Lattenlibelle versehen sein, die in regelmäßigen Abständen und nach jedem größeren Transport zu überprüfen ist. Bei Feinnivellements sind außerdem je Latte zwei Bambusstäbe zum Abstützen der Latte erforderlich.

Zum Festlegen der Latten in den Wechselpunkten dienen Unterlagsplatten (Frösche) aus Grauguß, die mit drei kurzen stählernen Spitzen versehen sind und fest in den Boden eingetreten werden.

Bild 64.4 Unterlagsplatte

In lockerem Boden dienen fest eingeschlagene Pfähle, auf unebenem Pflaster eingerammte Gasrohre oder Nietkopfnägel als Lattenstandpunkt.

64.5 Maßvergleichung bei Nivellierlatten. Um die Länge von Nivellierlatten zu überprüfen, bedient man sich zweckmäßig eines Prüfmeterstabs, der vor und hinter den Meterstrichen je 2 mm Überteilung besitzt, und bestimmt damit den Abstand zweier um 1 m unterschiedlicher Dezimetergrenzen an etwa 10 Stellen der Latte auf 0,1 mm. Hat die Latte Strichteilung, werden die beiden Ränder der Striche abgelesen. Das Mittel aus den Einzelbestimmungen wird als das *mittlere Lattenmeter* in die Rechnung eingeführt.

Bei Festpunktnivellements mit Holzlatten empfiehlt sich tägliche Überprüfung, weil die Lattenlänge sich vor allem durch Feuchtigkeitseinflüsse um mehrere Zehntelmillimeter je Meter ändern kann. Invarlatten werden einmal im Monat und außerdem nach etwaigen Erschütterungen verglichen.

Bei einfachen Nivellements können, so lange keine großen Höhenunterschiede zu überwinden sind, Abweichungen der Latten von der Sollänge bis 0,2 mm je Meter hingenommen werden.

7 Nivellierverfahren

71 Höhenausgangsfläche und Höhenfestpunkte

71.1 Aufbau des Nivellementpunktfeldes. Die Meereshöhe eines Punktes wird in der Praxis unbeschadet der in 12 gegebenen Definition durch Aufsummieren beobachteter Einzelhöhenunterschiede erhalten. Als Höhenausgangs- oder Bezugsfläche gilt in Deutschland seit dem Jahre 1879 diejenige Niveaufläche der Erde, die im Abstand von 37,000 m unter dem *Normalhöhenpunkt*, einer Marke an der alten Berliner Sternwarte, verläuft. Diese Fläche heißt *Normal Null* oder NN; sie ist durch Feinnivellements zwischen Amsterdam und Berlin so bestimmt, daß sie auf rund 1 dm mit dem am Amsterdamer Pegel beobachteten Mittelwasser der Nordsee zusammenfällt. Als die Sternwarte im Jahre 1912 abgebrochen wurde, ist als Ersatz dafür, ohne daß dadurch NN irgendwie geändert wäre, im Müncheberger Forst, an der Straße Berlin—Küstrin, rund 40 km ostwärts der Stadtmitte von Berlin der *Normalhöhenpunkt von 1912* geschaffen worden. Dieser ist durch einen Granitpfeiler unterirdisch vermarkt und durch 10 Kontrollmarken versichert. Im Anschluß an die Berliner Marken sind seither die NN-Höhen von vielen tausend Nivellementpunkten (NivP) durch Feinnivellements festgelegt worden. Die Gesamtheit dieser Punkte bildet das *Nivellementpunktfeld* (NivP-Feld).

Aufgrund der von der Arbeitsgemeinschaft der Vermessungsverwaltungen (AdV) unter dem 27. März 1968 beschlossenen *Richtlinien*, die nachstehend im Auszug wiedergegeben sind, ist das NivP-Feld folgendermaßen aufgebaut:

1. Grundlage des NivP-Feldes ist das *Deutsche Haupthöhennetz* (DHHN). Dieses besteht aus den mit höchster Genauigkeit im Zuge der Nivellements 1. Ordnung gemessenen und in einem Guß ausgeglichenen *Nivellementsschleifen* (Niv-Schleifen) von 30—80 km Durchmesser, von denen das Bild 75.1 (S. 161) eine Vorstellung geben mag. Die Niv-Schleifen werden gebildet aus den von Knotenpunkt zu Knotenpunkt führenden *Nivellementslinien* (Niv-Linien) L_1, L_2 . . ., die sich ihrerseits aus den zwei aufeinanderfolgende Niv-Punkte (Niv-P.) verbindenden *Nivellementsstrecken* (Niv-Strecken) R_1, R_2 . . . zusammensetzen.

Die im DHHN berechneten Höhenwerte stellen den in Metern ausgedrückten lotrechten Abstand von der oben beschriebenen Bezugsfläche NN dar; sie werden als Höhen über NN bezeichnet. Maßeinheit ist das Internationale Meter.

2. Das DHHN ist ein Gebrauchsnetz, das möglichst unverändert erhalten bleiben muß. Es soll dem allgemeinen technischen Fortschritt angepaßt werden durch Berücksichtigung der Schwerebeschleunigung an der Erdoberfläche (vgl. 72.4), Ausbau der Vermarkung, Ergänzungen nach geologischen Gesichtspunkten, Wiederholung der Messungen und neue Ausgleichungen insbesondere auch unter Verwendung der Oberflächenschwere sowie durch großräumige Zusammenschlüsse mit Nachbarländern und Nachbarstaaten.

3. Das DHHN wird verdichtet

a) durch die Zwischenlinien 1. Ordnung, die mit der gleichen Genauigkeit wie das DHHN gemessen sind, jedoch in dieses erst nach dessen Ausgleichung eingerechnet werden,

b) durch das Niv.-Netz 2. Ordnung, das Schleifen von höchstens 20 km Durchmesser aufweist,

c) durch das Niv.-Netz 3. Ordnung mit Schleifen von höchstens 10 km Durchmesser,

d) durch die Nivellements 4. Ordnung, die die übergeordneten Netze flächen- oder linienmäßig ergänzen. Die Niv.-Linien 4. Ordnung sollen nicht länger als 4 km sein.

4. Die Höhen über NN des Niv.-Feldes werden in dem sog. „neuen System" des vormaligen Reichsamts für Landesaufnahme berechnet. Sie enthalten die normale orthometrische Korrektion, d. h. eine von der jeweiligen Schwerebeschleunigung abhängige Verbesserung. Die früher verwendeten Höhen über NN im „alten System" gehen auf Nivellements in der Zeit von 1868—1879 zurück; sie haben mit den Höhen im neuen System nur den Normalhöhenpunkt von 1879 gemeinsam. Höhen im alten System werden laufend durch Höhen über NN im neuen System ersetzt. Beide können sich bis zu 1 dm unterscheiden.

In den Seekarten an der Nordseeküste sind die Höhenangaben auf ein besonderes Seekartennull bezogen, das als örtliches mittleres Springniedrigwasser definiert ist und entsprechend der Größe des Tidenhubs von Ort zu Ort wechselt. Seekartennull ist also keine Niveaufläche. Im Mittel liegt es um etwa den halben Betrag des mittleren Tidenhubs unter NN. An der Ostseeküste ist Seekartennull gleich NN.

71.2 Festlegung der Nivellementspunkte. Aus den in 71.1 genannten „Richtlinien“ sei hier folgendes mitgeteilt:

Die NivP sind überwiegend oberirdisch vermarkt und frei zugänglich. Sie werden im Regelfall durch Höhenbolzen aus Metall oder Kunststoff mit tonnen-, kugel-, birnenförmigem oder konischem Kopf und eindeutigem höchsten Punkt festgelegt, auf dem die Nivellierlatten unmittelbar aufgesetzt werden können; auf diesen höchsten Punkt beziehen sich auch die Höhenangaben. Je nach ihrer Bedeutung und entsprechend den Verhältnissen des Untergrundes werden die Höhenbolzen an Bauwerken, im Fels oder an besonders eingebrachten Punktträgern verschiedener Ausführung angebracht. Als Festlegungen (Bild 71.1 bis 71.4) werden benutzt:

Mauerbolzen (MB): Höhenbolzen in Bauwerken, Fels u. a.;

Pfeilerbolzen (PB): Höhenbolzen in Granit- oder Betonpfeilern in den Maßen 25 × 25 × 100;

Rammpfahlbolzen (RB): Höhenbolzen in eingerammten Schleuderbetonpfählen;

Rohrfestpunkte (RF): Höhenbolzen auf Stahlrohren, die bis in den tragfähigen Untergrund reichen.

Die Höhenbolzen werden überwiegend an vertikalen Flächen angebracht. Sie tragen vielfach eine Nummer oder Inschriften wie NivP, HP, NP. Eine ältere Sonderausführung sind kreisförmige Höhenmarken mit einem Durchmesser von 14 cm, die meistens in die Außenwände älterer Kirchen oder öffentlicher Gebäude gewöhnlich in der Nähe des Haupteingangs eingelassen sind.

Für Zwecke der Landesvermessung und für wissenschaftliche Untersuchungen sind in größeren Abständen auch unterirdische Vermarkungen eingebracht. Gebräuchlich sind:

Unterirdische Bolzen (UB): Höhenbolzen im Fundament von Bauwerken oder im Fels;

Unterirdische Rammpfähle (UR): Höhenbolzen in tief eingerammten Schleuderbetonpfählen;

Unterirdische Rohrfestpunkte (RF): Höhenbolzen auf Stahlrohren, die bis in den tragfähigen Untergrund reichen;

Unterirdische Festlegungen (UF): Granitpfeiler 30 × 30 × 90 cm mit einer aus der Kopffläche herausgearbeiteten Halbkugel oder mit einzementierten Bronzebolzen oder Achatkugeln, die durch eine Granitplatte abgedeckt sind (Bild 71.5); die Oberfläche des Pfeilers soll etwa 1 m unter dem Gelände liegen.

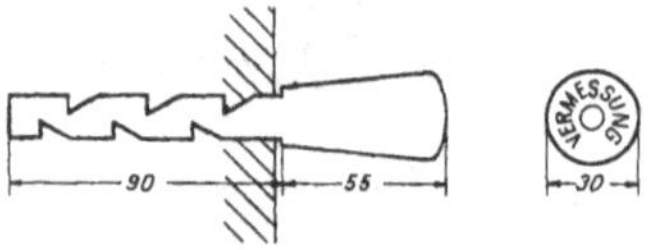

Bild 71.1 Mauerbolzen (MB)

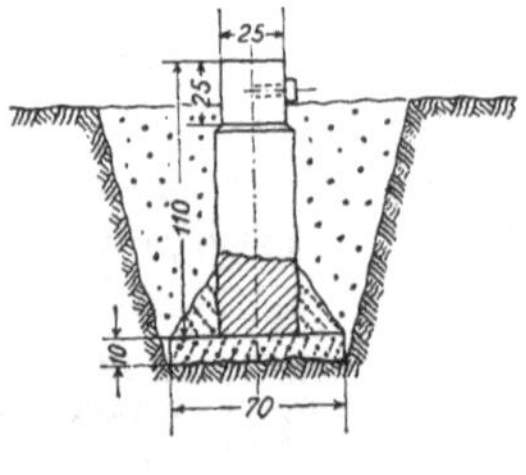

Bild 71.2 Pfeilerbolzen (PB)

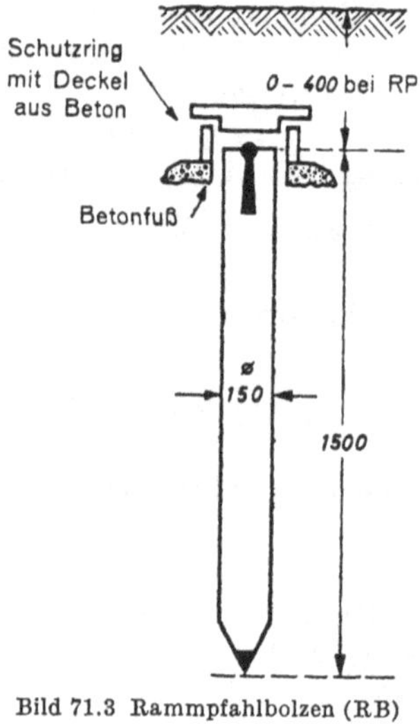

Bild 71.3 Rammpfahlbolzen (RB)

Die UF sind für Sonderzwecke, z. B. für Landeshöhenpunkte vorgesehen. Den UR und UF können als Lagehinweis Tagessteine beigegeben werden. Außerdem findet sich in ihrer Nähe fast immer ein oberirdischer NivP.

71.3 Bezeichnung der NivP. Die NivP sind nach den „Richtlinien" durch eine Nummer und in der Regel durch Angabe der Festlegungsart zu bezeichnen. Die NivP werden in der Regel innerhalb jedes Blattes der Topographischen Karte 1:25000 (TK 25) nach Ordnungen numeriert. Dabei werden die Nummern innerhalb einer neuen Linie fortlaufend vergeben. Neben der Nummer kann der NivP auch eine Benennung erhalten. Hierfür werden herangezogen

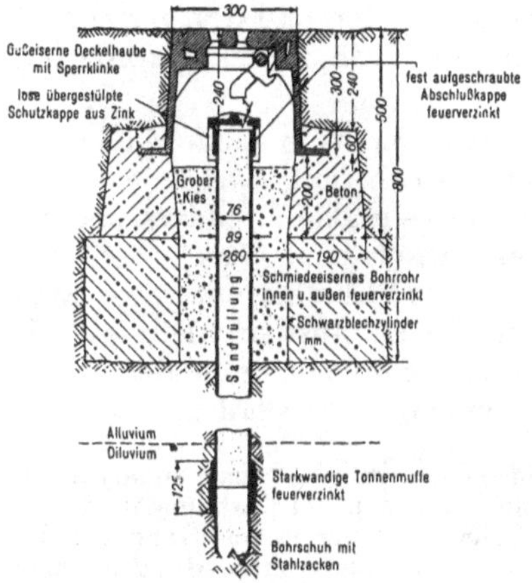

Bild 71.4 Unterirdischer Rohrfestpunkt Hamburger Bauart (RF)

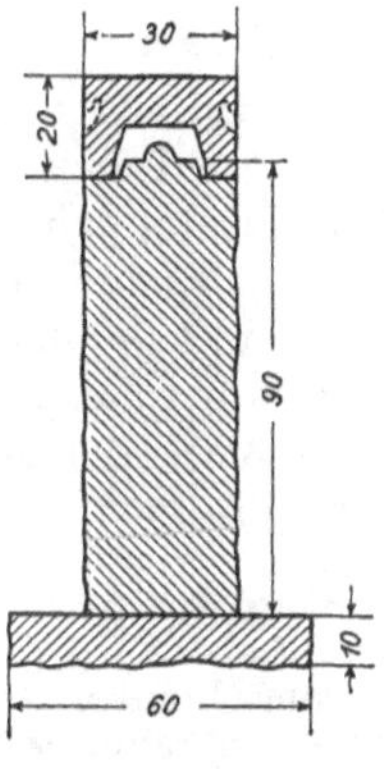

Bild 71.5 Unterirdische Festlegung (UF)

a) der Name der Gemeinde, eines Gemeindeteils, der Gemarkung oder der Gewanne,
b) ein geographischer, topographischer oder ortsüblicher Name,
c) eine Gebäude- oder Bauwerksbezeichnung.

71.4 Nachweis der NivP. Der Nachweis besteht aus der Kartei der NivP, den NivP-Beschreibungen und den NivP-Übersichten.

In der Kartei der NivP sind anzugeben: Die Nummern des NivP und das Blatt der TK 25, die Ordnung, die Festlegung, Angaben über die Lage des NivP, seine Höhe über NN und das Jahr seiner Bestimmung.

Die NivP-Beschreibungen sollen enthalten außer Nummer, Ordnung und Festlegung eine nach Norden orientierte Lageskizze mit Maßen zum Wiederauffinden und Überprüfen des NivP.

Die NivP-Übersichten sind die kartenmäßigen Nachweise in der TK 25, in die auch Schwerepunkte eingetragen werden können.

Der Nachweis der NivP wird von den Landesvermessungsämtern geführt und auf dem Laufenden gehalten. An die Katasterämter und ggfl. sonstige Behörden werden Abdrucke abgegeben.

72 Festpunktnivellements

72.1 Allgemeine Nivellementsregeln. Durch Festpunktnivellements wird ein NivP-Feld verdichtet oder neu geschaffen. Die Wahl des Instruments, der Latten und des Verfahrens richtet sich nach der für den jeweiligen Zweck geforderten Genauigkeit.

Man unterteilt die Festpunktnivellements in einfache Nivellements, in Ingenieurnivellements — z. B. mit Zweiskalenlatten oder mit doppelten Wechselpunkten — und in Feinnivellements, für die besondere Verfahren entwickelt sind [72.4]. Bei allen Festpunktnivellements wird zwecks Elimination von Erdkrümmung, Refraktion und restlichen Justierfehlern grundsätzlich aus der Mitte nivelliert. Zur Beschleunigung der Arbeit sollten immer zwei Nivellierlatten eingesetzt werden.

Beim Aufstellen von Libelleninstrumenten sorgt man zunächst für feste Aufstellung des Stativs; dann setzt man das Instrument, dessen Klemmschrauben angezogen sein sollen, mit der linken Hand auf das Stativ, schraubt es, ohne es loszulassen, mit der rechten Hand fest und zieht erforderlichenfalls noch die Spiralfeder an. Der Stativteller soll so gut horizontiert sein, daß die Stehachse nahezu senkrecht steht, wenn die Fußschrauben gleich weit herausgedreht sind. Diese sollen nicht zu schwer gehen und müssen erforderlichenfalls durch Nachstellen der Gangschrauben reguliert werden. Bei automatischen Nivellieren fällt die Feinhorizontierung fort. Bei Instrumenten mit Horizontierstativen beachte 54.3.

Beim Transport auf den nächsten Stand bleibt das Instrument am Stativ; dabei sollen Libelleninstrumente so getragen werden, daß die Stehachse näherungsweise vertikal bleibt; bei Kompensatorinstrumenten dagegen soll sie so schräg gehalten werden, daß der bewegliche Teil des Kompensators nicht hin und herschlägt.

Beim Einpacken in den Instrumentenkasten sind die Klemmen zunächst zu lösen und, wenn das Instrument im Kasten liegt, wieder leicht anzuziehen. Bei längeren Eisenbahn- oder Lastwagentransporten verwende man gepolsterte oder ausgestopfte Transportkisten.

Bei den Latten sorge man für regelmäßige Überprüfung der Lattenlibellen. Beim Transport von Stand zu Stand und beim Bahn- oder Autotransport achte man darauf, daß die geteilte Seite geschont wird.

72.2 Einfache Nivellements. Um die Höhe eines Neupunktes B über der in 71.1 eingeführten (gekrümmten) Normal-Null-Fläche im Anschluß an einen Festpunkt A zu bestimmen, sei der Höhenunterschied $\Delta H = H_A - H_B$ durch einfaches Nivellement zu ermitteln. Hierzu wird die in Bild 72.1 schematisch dargestellte Strecke von A bis B durch „Wechselpunkte“

in Abschnitte von 70 bis 100 m unterteilt, und es werden die Einzelhöhenunterschiede h_1, h_2 ... h_n ermittelt und aufsummiert.

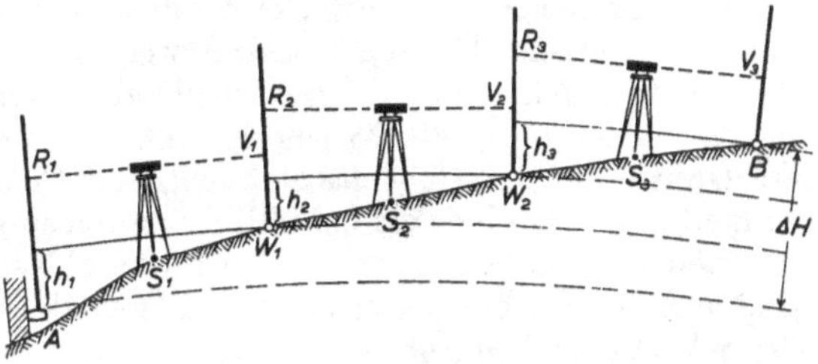

Bild 72.1 Einfaches Nivellement

Zur Bestimmung von h_1 wird zunächst der Punkt S_1 in der Mitte zwischen dem Anschlußpunkt A und dem ersten Wechselpunkt W_1 eingeschritten; dann wird dort das Instrument aufgestellt und horizontiert. Auf einen Wink hält der Meßgehilfe die Latte unter Beachtung der Lattenlibelle auf der Punktmarke in A auf, und der Beobachter liest am Instrument bei einspiegelnder Libelle oder freischwingendem Kompensator den Rückblick R_1 ab. Auf einen neuen Wink wandert der Meßgehilfe mit der Latte nach W_1, legt dort eine Unterlagsplatte fest auf den Boden und setzt die Latte darauf, so daß der Beobachter — gegebenenfalls unter Nachrichten der Libelle — den Vorblick V_1 ablesen kann. Aus Rück- und Vorblick wird schließlich der Höhenunterschied $h_1 = R_1 - V_1$ errechnet. Damit ist der erste Stand erledigt.

Jetzt wird die Latte in W_1 vorsichtig gewendet und das Instrument nach S_2 gebracht; von dort wird zuerst der Rückblick R_2 und nach Transport der Latte nach W_2 der Vorblick V_2 abgelesen und

$$h_2 = R_2 - V_2$$

errechnet. So fortfahrend erhält man, immer $h_i = R_i - V_i$ bildend, schließlich

$$\Delta H = h_1 + h_2 + h_3 + \ldots = \sum h = \sum R - \sum V.$$

Ist der Höhenunterschied positiv, so steigt das Gelände; ist er negativ, so fällt es. Zur Sicherung des Ergebnisses wird entweder zurücknivelliert, oder das Nivellement wird bis zum Anschluß an einen höhenmäßig bekannten NivP weitergeführt.

Bei einem einfachen Nivellement mit einem Baunivellier ist ein mittlerer Fehler von $\pm$ 5—10 mm auf 1 km ohne weiteres zu erreichen; jedoch muß gemäß 14.9 damit gerechnet werden, daß gelegentlich auch ein Abschlußfehler vom 2—3fachen

Betrag auftritt. Ist bei einem Nivellement diese Grenze eingehalten, so wird der Abschlußfehler auf die Standpunkte proportional zu den Entfernungen verteilt. Hat man sie überschritten, muß ein grober Fehler vermutet werden, der nur durch Wiederholung der ganzen Messung beseitigt werden kann. Für solche Fälle ist es nützlich, wenn hin und wieder ein fester Punkt (Bordstein, Kilometerstein) als Wechselpunkt benutzt wird.

Die obere Grenze der als Zielweite bezeichneten Entfernung vom Instrument zur Latte beträgt bei Millimeterablesung 50 m. Genügt für den Nivellementszweck Zentimeterablesung, so kann bis 100 m Zielweite gegangen werden. Bei stärkeren Steigungen wird man vielfach durch das Gelände zu kürzeren Zielweiten gezwungen. Etwaige ungleich lange Zielweiten können auf den folgenden Standpunkten ausgeglichen werden, wenn nur erreicht wird, daß bei einer Nivellementsstrecke die Summe aller Zielweiten im Vorblick gleich ihrer Summe im Rückblick ist. Das nachstehende Beispiel soll gleichzeitig als Muster für die Aufschreibung dienen.

72.3 Ingenieurnivellements.

72.31 *Nivellements mit Zweiskalenlatten.* Wird eine etwas höhere Genauigkeit gefordert, als durch ein einfaches Nivellement mit einem Baunivellier erreichbar ist, so bedient man sich zweckmäßig eines Ingenieurnivelliers und wählt ein Beobachtungsverfahren, das einerseits eine laufende Kontrolle liefert, zum anderen aber auch eine bessere Fehlerbekämpfung erwarten läßt. Diesen Forderungen entspricht in besonderem Maße das Nivellement mit einer Zweiskalenlatte [64.2]. Werden an einer solchen Latte beide Skalen abgelesen, so hat man für die Lattenablesungen die Probe, daß ihre Differenz bis auf etwa $\pm$ 1 mm einen konstanten Betrag, die Lattenkonstante, ergeben muß (vgl. 64.2). Läßt man sodann vor jeder Lattenablesung die Libellenblase bzw. den Kompensator ein wenig ausschlagen und wieder neu einspielen, so ist die Libelleneinstellung ebenfalls kontrolliert. Außerdem ist zu erwarten, daß gemäß 14 (6)* der mittlere Ablesefehler und der mittlere Einstellfehler um das $\sqrt{2}$fache zurückgehen.

Fortsetzung S. 144

Beispiel: Im Anschluß an die gegebenen Höhenfestpunkte A und E ist die Höhe des Punktes B durch einfaches Nivellement zu bestimmen.

Pkt.	z	R	V	$h = R - V$ +	 —	Höhe über N. N.
1	2	3	4	5	6	7
A	40	1,524				52,475
	40		1,217	0,307		+0,307
W_1	35	0,723				52,782
	35		1,894		+ 1 1,171	—1,170
W_2	50	1,234				51,612
	50		0,654	0,580		+0,580
B	45	2,421				52,192
	45		1,945	+ 1 0,476		+0,477
W_3	30	0,635				52,669
	30		0,513	0,122		+0,122
E						52,791
		6,537	6,223	+ 1 1,485	+ 1 1,171	0,316

+0,314 (aus R und V)

+ 2
+0,314 (aus h)

Erläuterungen zum Feldbuch:

(1) Die Zielweiten z in Schrittmaß angeben;

(2) Auf jedem Stand R und V eintragen und h bilden;

(3) Am Ende die Summenprobe $\sum R - \sum V = \sum h$ rechnen;

(4) Beim Abschluß an Festpunkt als Meßprobe $\sum h$ und $(H_E - H_A)$ vergleichen; Differenz auf die h_i proportional zu den überbrückten Entfernungen verteilen.

(5) In Spalte 7 Höhe von A eintragen und verbesserte h_i aufaddieren. Nach der letzten Addition muß der Sollwert von E herauskommen.

Um darüber hinaus etwaigen regelmäßigen Fehlern (vgl. 72.4) entgegenzuwirken, setzt man zweckmäßig zwei Latten mit je einem Träger ein und beobachtet in der Reihenfolge R_{I}, V_{I}, V_{II}, R_{II}, d. h.

Rückblick auf Skala I der rückwärtigen Latte,

Vorblick auf Skala I der vorderen Latte,

Vorblick auf Skala II der vorderen Latte,

Rückblick auf Skala II der rückwärtigen Latte.

Zur Probe werden die Höhenunterschiede sowohl aus den Ablesungen der Skalen I wie aus denen der Skalen II gebildet und verglichen; dabei soll im allgemeinen keine größere Differenz als $\pm$ 1 mm auftreten. Bei sorgfältiger Arbeit kann bei einem so angelegten Nivellement ein mittlerer Kilometerfehler von $\pm$ 2 bis 3 mm unschwer erreicht werden.

Aufschrieb und Rechnung werden sehr vereinfacht, wenn *dekadisch bezifferte Latten* gemäß Bild 64.1 b benutzt werden. Man liest dann, wie im nachstehenden Muster gezeigt, den Rückblick natürlich, den Vorblick dekadisch ab, schreibt den Vorblick unter den Rückblick und erhält durch Addition den Höhenunterschied *h*. Dabei beachte man folgende Rechenregeln:

1. Das Kreuz bedeutet eine negative Einheit an der Stelle, an der es steht:

$$2{,}103 - 1{,}417 = 2{,}103 + \times\, 8{,}583 = + 0{,}686.$$

2. Negatives *h* bedeutet, daß das Gelände fällt:

$$2{,}103 - 2{,}366 = 2{,}103 + \times\, 7{,}634 = \times\, 9{,}737.$$

3. Kreuz verdrängt rechts benachbarte 9:

$$\times\, 9{,}737 = \times\, {,}737 = - 0{,}263.$$

Beispiel: Im Anschluß an die Festpunkte *A* und *E* ist die Höhe des Punktes *B* durch Nivellement mit dekadisch bezifferten Zweiskalenlatten zu bestimmen.

Pkt.	z	Nivellement I R_I V_I	$h_I =$ $R_I - V_I$	Nivellement II R_{II} V_{II}	$h_{II} =$ $R_{II} - V_{II}$	$h =$ $\frac{1}{2}(h_I + h_{II})$	Höhe über NN
1	2	3	4	5	6	7	3
A	40	2,465		6,500			127,568
	40	×,873	2,338	×5,837	2,337	2,338	2,338
W_1	35	1,827		5,863			129,906
	35	×8,914	0,741	×4,879	0,742	+ 1 0,742	0,743
B	50	1,066		5,101			130,649
	50	×,412	0,478	×5,378	0,479	0,478	0,478
W_2	45	0,505		4,540			131,127
	45	×8,762	×,267	×4,727	×,267	+ 1 ×,267	×,268
W_3	30	1,358		5,393			130,395
	30	×,907	1,265	×5,873	1,266	1,265	1,265
E							131,660
		4,089	4,089	4,091	4,091	+ 2 4,090	4,092

72.32 *Nivellements mit doppelten Wechselpunkten.* Steht eine Zweiskalenlatte nicht zur Verfügung, so kann man sich eine fortlaufende Probe durch das Verfahren der doppelten Wechselpunkte schaffen. Bei diesem Verfahren legt der Meßgehilfe zwei Unterlagsplatten mit geringem Abstand nebeneinander auf den Boden und hält die Latte erst auf der einen und dann auf der anderen Platte auf. Auf diese Weise werden zwei nebeneinander herlaufende Nivellements erhalten, die auf dem gleichen Blatt, aber jedes für sich, aufgeschrieben und durchgerechnet werden. Die Probe besteht darin, daß für beide Lattenaufstellungen die Differenz zwischen dem Vorblick im Instrumentenstand S_i und dem Rückblick in S_{i+1} gleich sein muß.

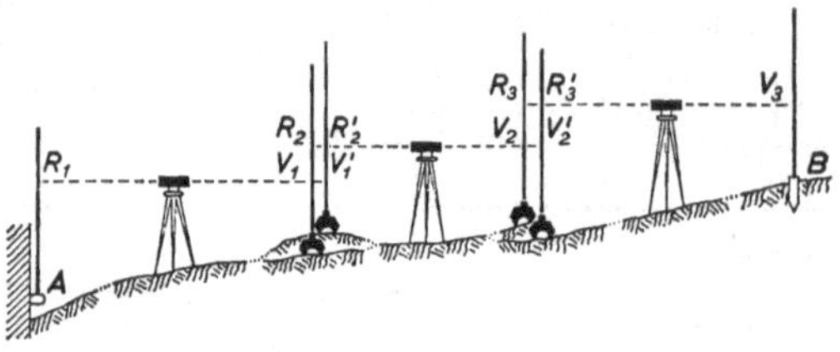

Bild 72.2 Nivellement mit doppelten Wechselpunkten

Die Probe wird also immer erst auf dem nächsten Stand wirksam. Man kann sich jedoch eine — allerdings nicht durchgreifende — Standprobe schaffen, indem man statt zweier Unterlagsplatten eine Platte mit zwei verschieden hohen Zapfen benutzt, deren Höhenunterschied bekannt ist. Wie beim Zweiskalennivellement stelle man die Blase vor jeder Ablesung neu ein.

Die erreichbare Genauigkeit entspricht nahezu der des Nivellements mit einer Zweiskalenlatte. Das Verfahren ist aber etwas umständlicher.

Bild 72.3 Platte mit 2 Zapfen

72.4 Feinnivellements. Für genaueste Messungen wählt man heute lichtstarke Feinnivelliere mit 40facher Vergrößerung, 50 mm Objektivdurchmesser, 10″-Koinzidenzlibelle, Planplatte und Keilstrichen im Fadenkreuz oder entsprechend ausgestattete automatische Feinnivelliere; dazu in beiden Fällen Halbzentimeterstrichlatten mit zwei auf Invarband aufgetragenen gegeneinander versetzten Teilungen (Bild 64.1d oder 64.2 L 1). Man beobachtet ferner grundsätzlich jede Niv-Strecke im Hin- und Rückweg.

Nun treten bei jedem Nivellement regelmäßige und unregelmäßige Fehler auf. Die regelmäßigen Fehler sind zwar kleiner als die unregelmäßigen Fehler; während aber die unregelmäßigen Fehler mit der Wurzel aus der Strecke anwachsen, nehmen die regelmäßigen Fehler proportional zur Strecke zu. Bei längeren Strecken machen sich daher die regelmäßigen Fehler trotz ihrer Kleinheit stärker bemerkbar als die unregelmäßigen Fehler.

Bei Feinnivellements muß man daher ständig darauf bedacht sein, die regelmäßigen Fehler zu bekämpfen und ihre Auswirkungen klein zu halten*.

Die gefährlichsten regelmäßigen Fehler sind:

1. Einseitige Schätzungsfehler beim Ablesen. Bekämpfung: Übergang vom Schätzen zum Messen der kleinen Intervalle an der Latte. Früher tat man das durch Nivellieren mit ausschlagender Libelle d. h. Einstellen des Mittelfadens auf einen Lattenstrich, Ablesen des Libellenausschlages und Anbringen einer entsprechenden Korrektur an dem an der Latte abgelesenen Maß; heute benutzt man ein Planplattenmikrometer [62.43].
2. Unrichtiges Lattenmeter. Bekämpfung: Regelmäßige Überprüfung der Lattenlänge.
3. Einsinken des Instruments während der Messung. Bekämpfung: Aufstellen nur auf festem Untergrund; ferner Benutzung einer Latte mit zwei Skalen (I und II) und Beobachtung auf jedem Stand in der in 72.31 erläuterten Reihenfolge R_I, V_I, V_{II}, R_{II}. Dadurch werden auch andere der Zeit proportionale Einflüsse eliminiert.
4. Schiefhalten der Latten. Bekämpfung: Häufige Kontrolle der Lattenlibelle. Während der Beobachtung Latten durch Bambusstäbe abstützen.
5. Einseitige Erwärmung von Instrument und Libelle. Bekämpfung: Instrument auf dem Stand durch Schirm, während des Transportes durch Wachstuchkappe vor Sonnenbestrahlung schützen. Instrument auch möglichst wenig mit der Hand berühren.
6. Einseitige Einwirkungen der Refraktion, insbesondere beim Nivellieren auf schrägen Strecken. Bekämpfung: Schnell und zügig messen, keine Visur näher als 0,5 m am Boden. Jede Strecke im Hin- und Rückgang beobachten.
7. Kompensationsreste bei selbsthorizontierenden Nivellieren. Bekämpfung: Beim Horizontieren des Instruments das Fernrohr auf dem ersten Stand gegen die rückwärtige Latte, auf dem nächsten Stand dagegen nach vorn richten und in diesem Rhythmus die Richtung von Stand zu Stand wechseln.

* Siehe hiezu auch W. Torge, Trennung systematischer und zufälliger Fehler bei einem Wattnivellement. Zeitschr. für Vermessungsw. 1965, S. 54; E. Schwarz, Zur Elimination von systematischen Fehlern im Nivellement, ebends 1966. S. 486

Die schädlichsten unregelmäßigen Fehler sind:

1. Ungenaue Einstellung bei Luftflimmern. Bekämpfung: Beobachten möglichst bei bedecktem Himmel, an heißen Tagen nur in den Morgen- und Abendstunden.
2. Unbemerktes Nachziehen der Libellenblase. Bekämpfung: Libelle vor dem Ablesen zur Ruhe kommen lassen, evtl. Gang der Stehachse überprüfen.
3. Einsinken und sonstige Lageänderungen der Latten. Bekämpfung: Sorgfältiges Festlegen der Unterlagsplatten; Unterlagsplatten und Lattenfüße sauber halten.
4. Ungleiche Zielweiten. Bekämpfung: Entfernungen nicht nur abschreiten, sondern — etwa mit Distanzfäden — nachmessen; etwaige Abweichungen auf nächsten Ständen ausgleichen.
5. Mangelhafte Lattenaufsatzflächen. Bekämpfung: Latten stets mit derselben Stelle auf die Unterlagsplatte setzen. Ferner etwaige Nullpunktsdifferenz bestimmen und in Rechnung stellen oder mit der gleichen Latte, mit der angefangen wurde, auch aufhören.

Bei besonders sorgfältiger Beachtung dieser Vorschriften läßt sich für eine aus Hin- und Rückweg gemittelte Strecke ein mittl. Kilometerfehler von $\pm$ 0,3—0,5 mm erreichen (vgl. 75.2).

Zur Berechnung der NN-Höhen der einnivellierten Punkte werden die Beobachtungen einer Ausgleichung nach der Methode der kleinsten Quadrate unterzogen**. Dabei werden zuvor an den im DHHN beobachteten Höhenunterschieden „Schwerereduktionen“ angebracht, die den unterschiedlichen Werten der Schwerebeschleunigung und ihren Auswirkungen auf das Nivellement Rechnung tragen**.

72.5 Für **nivellitische Übergänge** über kleinere Täler, Flüsse und Kanäle liefert die Firma Carl Zeiss-Oberkochen eine aus vier Ni 2 und vier Zieltafeln zusammengesetzte Ausrüstung, der besondere Einrichtungen zum Eliminieren der restlichen Justierfehler beigegeben sind***. Für Übergänge über breite

* Siehe u. a. W. Großmann, Grundzüge der Ausgleichsrechnung, Springer-Verlag. 3. Aufl. 1968.

** Siehe u. a. Jordan-Eggert-Kneißl, Handbuch der Vermessungskunde, Bd. III, 10. Aufl., S. 293ff.

*** M. Drodofsky, Stromübergangsnivellement mit dem Zeiss-Nivellier Ni 2. Zeitschr. für Vermessungsw. 1960, S. 227 und 1964 S. 241. — J. Kakkuri, Versuche mit dem automatischen Doppelinstrument Zeiss Ni 2 beim Stromübergangsnivellement. Ebd. 1966, S. 160. — Ders., Über den Einfluß von Temperaturänderungen auf das bei Stromübergängen benutzte automatische Doppelinstrument Zeiss Ni 2. Ebd. 1969, S. 99.

Ströme und schmale Meeresarme empfehlen sich schwere Libellennivelliere mit 5″-Libellen und besondere, der Entfernung angepaßte Zieltafeln*. Noch genauer, aber auch wesentlich teurer, ist das hydrostatische Nivellement. Das Gerät entspricht im Prinzip einer Schlauchwaage, bei der als Schläuche Kabel von entsprechender Länge dienen**. Schließlich können auch Theodolite mit guten Höhenkreisen für Übergänge eingesetzt werden***.

73 Längs- und Querprofile

73.1 Längsprofile. Für die Trassierung von Verkehrsbändern werden Längs- und Querprofile aufgenommen. Ein Längsprofil ist ein Vertikalschnitt durch die Erdoberfläche längs einer *Leitlinie,* die bei Straßen- und Eisenbahnen meistens die Achse des künftigen Bauwerks, bei Wasserwegen eine Parallele zur Achse ist.

Die Aufnahme beginnt mit der Verpfählung und Stationierung der Leitlinie. Diese wird je nach Zweck und Gelände in Abständen von 25, 50 oder 100 m, dazu bei Gefällwechseln und Schnitten mit Wegen und Wasserläufen durch einen *Grundpfahl* und einen *Nummerpfahl* bezeichnet. Der Grundpfahl, dessen Höhe einnivelliert werden soll, wird erdbodengleich geschlagen; auf dem Nummerpfahl wird die *Stationierung* vermerkt. Der Stationierung werden Hektometer zugrunde gelegt, so daß die Stationspunkte statt mit 50 m, 175 m, 273 m ... mit 0^{+50}, 1^{+75}, 2^{+73}, ... bezeichnet werden. Die Entfernungen werden vom Anfangspunkt der Trasse an auf der Leitlinie gemessen.

Für die Höhenmessung wird zweckmäßig ein Baunivellier eingesetzt. Die NN-Höhen der Anfangspunkte werden durch ein Festpunktnivellement von einem benachbarten Höhenfestpunkt hergeleitet. Auf der Leitlinie selbst benutzt man Grundpfähle, die etwa 100 m voneinander entfernt sind, als Wechsel-

* H. Baenisch, Anschluß der ostfriesischen Inseln durch Feinnivellements an das Festland. Zeitschr. für Vermessungsw. 1935, S. 7.

** Sandig-Scheel, Zur praktischen Durchführung von hydrostatischen Nivellements. Frankfurt/Main 1957. Verlag des Instituts für Angewandte Geodäsie.

*** D. Hasse, Strom- und Talübergangsnivellement mit Theodoliten. Allgem. Verm. Nachr. 1964, S. 380.

punkte und nimmt die dazwischen liegenden Grundpfähle und sonstige wichtige Punkte (Pegel usw.) mit sogenannten Seitenblicken auf. Zur Kontrolle schließt man auf einem anderen Höhenfestpunkt ab oder kehrt an den Ausgangspunkt zurück. Die Abschlußfehler werden wie beim einfachen Nivellement proportional zur Strecke auf die einzelnen Abschnitte verteilt.

Bei der Aufschreibung verfahre man nach dem nachstehenden Zahlenbeispiel (s. Muster S. 151).

73.2 Querprofile sind Vertikalschnitte durch die Erdoberfläche, die mit Hilfe der in 22 beschriebenen Geräte in geraden Strecken normal zur Leitlinie abgesteckt werden; in Knickpunkten der Leitlinie nimmt man die Richtung der Winkelhalbierenden, in Kurven radiale Richtung. Die seitliche Ausdehnung der Querprofile schwankt zwischen 20 und 50 m; sie ist vom Zweck der Aufnahme und vom Gelände abhängig. Die Querprofile werden einerseits für die Bearbeitung des Entwurfs gebraucht, zum anderen bilden sie die Grundlage für die Erdmassenberechnung. Sie sind daher überall dort aufzunehmen, wo die Geländeneigung und wo die Richtung der Leitlinie sich ändern.

Die seitlichen Entfernungen werden von dem in der Leitlinie liegenden Achspunkt aus auf Dezimeter gemessen und in einem unmaßstäblichen Handriß wie Bild 73.1 eingetragen. Zur Höhenbestimmung (auf cm oder dm) wird ein Baunivellier so aufgestellt, daß möglichst das ganze Profil von einem Stand übersehen werden kann. Man bestimmt dann mit Hilfe einer auf dem Achspunkt aufgehaltenen Latte den Instrumentenhorizont, liest die Latte an den eingemessenen Geländepunkten ab und notiert die Lattenablesungen im Handriß. Falls das Profil wie im Bild 73.1 nicht von einem Stand aus voll übersehen werden kann, muß das Instrument ein zweites Mal aufgestellt werden. Meß- und Rechenproben können nur durch eine unabhängige Aufnahme mit leicht geändertem Horizont beschafft werden. Meistens wird darauf jedoch verzichtet, weil bei der ständigen Vergleichung von Natur und Lattenablesungen größere Fehler unwahrscheinlich sind.

Fortsetzung auf S. 152 mit Bild 73.1

Längsprofil

Pkt.	z	Rück-blick	Seiten-blick	Vor-blick	Instr. Horizont	Höhe über NN	Verb. (mm)
1	2	3	4	5	6	7	8
A	50	1,415				49,675	
	50			1,290	51,090		
W_1	45	0,420				49,800	+3
	45			1,655	50,220		
0^{+0}	50	1,390				48,565	+6
0^{+25}			3,175		49,955	46,780	+6
0^{+50}			2,955			47,000	+6
0^{+75}			0,595			49,360	+6
	50			0,700			
1^{+0}	50	2,040				49,255	+9
1^{+25}			1,545		51,295	49,750	+9
1^{+50}			3,235			48,060	+9
1^{+75}			0,820			50,475	+9
	50			0,415			
2^{+0}	30	1,005				50,880	+12
	30			2,090	51,885		
W_2	40	1,870				49,795	+15
	40			1,235	51,665		
E					Ist	50,430	+18
		8,140		7,385	Soll	50,448	
			0,755			+0,773	

Erläuterung: Beginnend auf dem Anfangspunkt *A* bildet man auf jedem Standpunkt aus der NN-Höhe des im Rückblick angezielten Punktes plus der Lattenablesung nach diesem Punkt den „Instrumentenhorizont“. Vom Instrumentenhorizont aus werden die Geländehöhen der seitwärtsliegenden Punkte und der Wechselpunkte dadurch erhalten, daß man Seitenblicke und Vorblicke vom Instrumentenhorizont abzieht. Bei fehlerfreiem Nivellement muß man dann schließlich die Sollhöhe des Endpunktes *E* erhalten. Eine Abschlußdifferenz, die sich im Rahmen der geforderten Genauigkeit halten muß, kann nachträglich auf die einzelnen Standpunkte verteilt werden. Die Höhen der durch Seitenblick gewonnenen Punkte werden durch die Abschlußprobe nicht kontrolliert; man rechnet sie daher noch einmal nach. Wird auch eine Meßprobe gefordert, so muß eine zweite Aufnahme gemacht werden.

Fortsetzung von S. 150.

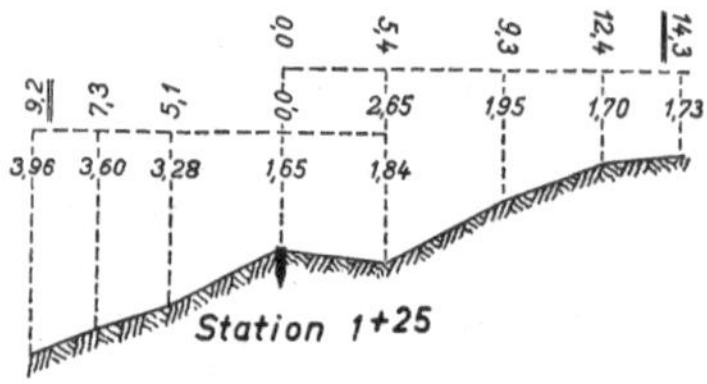

Bild 73.1 Handriß vom Aufnehmen eines Querprofils

An steilen Hängen oder in unübersichtlichem Waldgelände werden Querprofile am besten mit einer Setzlatte gem. 61.3 aufgenommen.

Querprofile in Flüssen werden an den Ufern eingebunden. Zur Längenmessung über Wasser dient eine Meßschnur oder eine in volle Meter eingeteilte Peillinie. Nivellierhorizont kann bei engen Flußläufen eine horizontal gespannte Leine sein. Bei breiten Flüssen dient der Wasserspiegel als Horizont, gegen den die Sohlentiefe mit Peilstangen gemessen wird. Den Wasserspiegel selbst bestimmt man durch mehrfache Messung des Abstandes von Pegeln, d. h. von Pfählen, die in Ufernähe eingeschlagen und mit ihrer Oberkante einnivelliert sind.

73.3 Auftragen der Längs- und Querprofile. Die Längs- und Querprofile werden anhand des Feldbuches S. 151 und des Handrisses Bild 73.1 am einfachsten auf Millimeterpapier aufgetragen. Im Längsprofil Bild 73.2 legt man eine Bezugslinie als Abszissenachse an den unteren Blattrand; sie stellt eine Parallele zum Horizont dar, die um ein Vielfaches von 10 m über der Höhenausgangsfläche liegt. Auf der Bezugslinie wird die Leitlinie möglichst im Maßstab des Lageplanes abgetragen. Als Ordinaten werden die Höhen der Achspunkte über der Bezugslinie eingezeichnet, jedoch, um die Höhenverhältnisse klar heraustreten zu lassen, in einem mindestens 10 mal

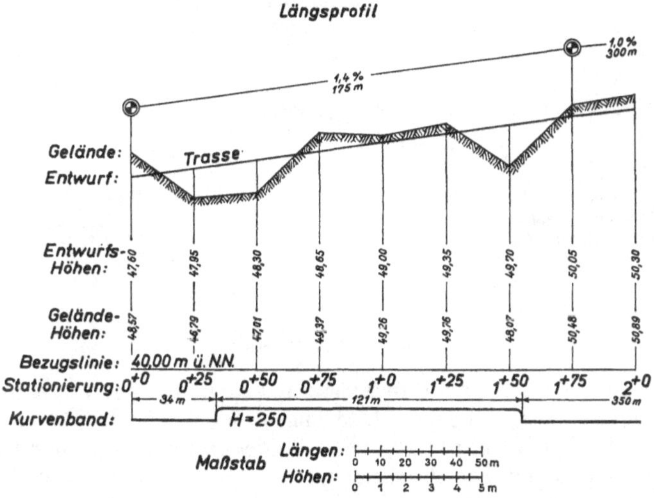

Bild 73.2 Längsprofil

größeren Maßstab. Übliche Maßstäbe für die Längen sind 1:1000 bis 1:5000, für die Höhen 1:100 bis 1:250.

Die Bezugslinie, die Ordinaten und die Geländelinie, ferner die Stationszahlen und die auf NN bezogenen Höhen der eingewogenen Punkte werden in schwarzer Tusche, Wasserlinien und Höhen von Wasserständen in Blau ausgezogen. Sodann werden in Zinnober die Entwürfe und die zugehörigen Ordinaten eingezeichnet, so daß der Höhenunterschied zwischen Örtlichkeit und geplanter Bauwerkshöhe aus dem Längsprofil entnommen werden kann.

Im Querprofil (Bild 73.3) werden, damit die Entwürfe nicht verzerrt werden und die Querschnittsflächen bequem berechnet werden können, Längen und Höhen im gleichen Maßstab aufgetragen, und zwar meistens im Maßstab der Höhen des Längsprofils. Zweckmäßig überträgt man zunächst den Achspfahl aus dem Längsprofil, zeichnet dann in Bleistift den bei der Aufnahme des Querprofils benutzten Instrumentenhorizont ein und setzt von da aus die Geländepunkte nach unten ab. Die

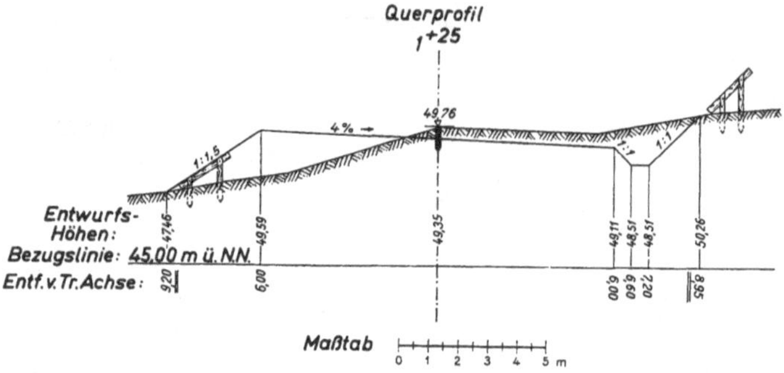

Bild 73.3 Querprofil

Bezugslinie kann zur Raumersparnis noch stärker angehoben werden als beim Längsprofil. In Tusche werden in der Regel nur die Höhe des Grundpfahls, die Geländeoberfläche und der Entwurf ausgezogen. Die Profilflächen des Auftrags werden blaßrot, die des Abtrags grau angelegt. Das Verfahren zum Abstecken des geplanten Bauwerkes in der Örtlichkeit ist in Bild 73.3 angedeutet worden.

Die zu bewegende Erdmasse ergibt sich bei Auftrag und Abtrag als Mittel der Projektflächen benachbarter Querprofile multipliziert mit ihrem Abstand; beim Anschnitt tritt an die Stelle des Mittels die halbe Differenz.

74 Flächennivellements

Für die Bearbeitung von Bebauungsplänen, die Anlage von Sportplätzen, die Einrichtung von Ent- und Bewässerungen usw. reichen Längs- und Querprofile nicht aus. Man gebraucht statt dessen einen mit Höhenlinien [74.3] versehenen Lageplan. Dabei werden die Höhenlinien auf Grund von Geländepunkten entworfen, die in der Örtlichkeit nach Lage und Höhe festgelegt sind. Die Höhe wird bei schwach geneigtem Gelände nivellitisch, bei stärkeren Neigungen tachymetrisch bestimmt. Vgl. Bd. III, 3 und 4.

74.1 Die Lagemessung richtet sich bei der hier allein zu beschreibenden nivellitischen Höhenbestimmung nach den etwa vorhandenen Kartenunterlagen und nach der Höhengestaltung des Geländes.

a) Ist ein Lageplan mit zahlreichen eingemessenen Punkten (Grenzsteinen usw.) vorhanden, so wählt man, zumal in flachen Gegenden, für die Höhenaufnahme eine Anzahl von diesen Punkten aus oder legt, wenn die Punkte nicht ausreichen, zusätzliche Punkte von den vorhandenen aus fest.

b) Ist das Grundstück nur in den Umringsgrenzen bekannt, so legt man quer durch das Grundstück gerade Profile, deren Anfangs- und Endpunkte in die Umringsgrenzen eingebunden werden (Bild 74.1).

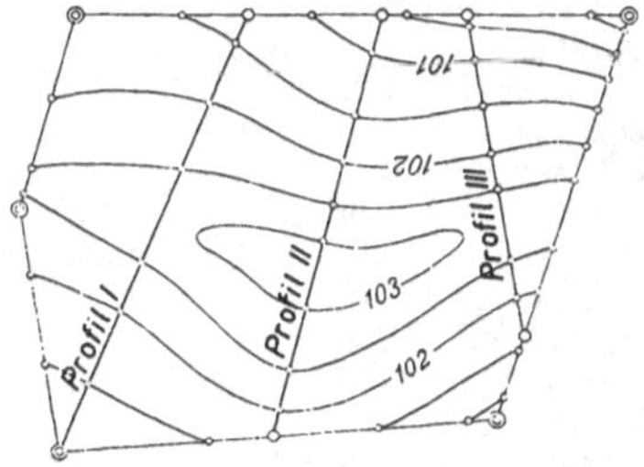

Bild 74.1 Einbinden von Profilen

c) Liegt keine Vermessungsgrundlage vor, so überzieht man das Gelände mit einem Netz sich rechtwinklig schneidender und paralleler Geraden, die entweder gleiche Abstände (Quadratrost; Bild 74.2) oder ungleiche Abstände (Viereckrost) zwischen 10 und 50 m haben. Die Anlage eines Quadratrostes ist vor allem dann geboten, wenn die Erdmassen berechnet werden müssen. Etwaige zwischen die Rostpunkte fallende wichtige Geländepunkte werden in das Rost eingemessen. Die aufzunehmenden Punkte werden numeriert und mit Pfählchen bezeichnet.

d) In etwas bewegterem Gelände kann man die Lage der für die Geländeformen wichtigen Punkte am besten von bekannten Punkten aus mit Hilfe des in 62.5 beschriebenen Nivelliertachymeters festlegen. Man erfaßt in erster Linie die sogenannten Geripplinien, nämlich die Rücken- und Muldenpunkte, ferner Gefällwechsel und Böschungskanten. Das Verfahren erfordert indessen einige topographische Kenntnisse. Vgl. Bd. III, 43.

74.2 Die Höhenaufnahme. Für die Höhenbestimmung verwendet man ein Baunivellier mit guter Optik, welches, um lange Visuren zu ermöglichen, sorgfältig berichtigt werden muß.

Die Latte soll mindestens 4 m lang sein, damit von einem Standpunkt aus möglichst große Flächen erfaßt werden können. Abgelesen werden je nach Geländegestaltung Zentimeter, halbe Dezimeter oder Dezimeter. Für die Aufschreibung benutzt man zweckmäßig das beim Längsprofil benutzte Muster „Nivellement mit Seitenblicken". Man achte sehr darauf, daß keine Punktverwechslungen auftreten!

Bei der Beurteilung des Geländes für die Auswahl des Instrumentenstandortes unterliegt man sehr leicht Täuschungen. Bei ausgedehnten Flächennivellements kann es daher geboten sein, sich zuvor durch ein flüchtiges Vornivellement einen rohen Überblick zu verschaffen, danach die Standorte auszuwählen und ihre Höhe durch ein Festpunktnivellement vorweg zu bestimmen. Diese letzte Maßnahme empfiehlt sich auch dann, wenn die Anschlußpunkte weit entfernt sind.

Überwiegen lange Visuren — man kann u. U. bis zu 300 m gehen —, so nehme man eine Latte mit Dezimeter- oder Halbdezimetereinteilung und achte darauf, daß die Stehachse des Instruments gut lotrecht steht.

Bei gleichzeitiger Lage- und Höhenmessung müssen zwei Techniker — einer am Instrument und einer im Gelände — eingesetzt werden. Lage und Höhe können auch auf photogrammetrischem Wege gewonnen werden. Die Vorzüge dieses Verfahrens treten jedoch erst bei stärkerer Neigung des Geländes in Erscheinung.

74.3 Das Ausarbeiten der Höhenpläne. Zuerst werden die beobachteten Punkte in den Lageplan eingetragen; dann wird neben jedem Punkt seine Höhe vermerkt; schließlich werden auf Grund der eingetragenen Punkte *Höhenlinien* konstruiert. Die Höhenlinien, auch Höhenschichtlinien oder Niveaukurven genannt, sind Horizontalkurven, die die Punkte gleicher Meereshöhen miteinander verbinden (Band III, 41). Sie werden je nach der verlangten Genauigkeit in flachem Gelände in Abständen von 0,1, 0,5 oder meistens 1,0 m, in etwas bewegtem Gelände von 2,5 oder 5 m gezeichnet, und zwar in der Weise, daß zunächst die Punkte mit runden Höhen zwischen den aufgenommenen Geländepunkten interpoliert und dann die gefundenen Punkte durch eine flüssige Linie miteinander verbunden werden. Vgl. Bild 74.1 und 74.2.

Interpoliert werden kann — immer in der Richtung des stärksten Gefälles — entweder auf rechnerischem oder zeichnerischem Wege. Als Beispiel seien in Bild 74.3 zwei Geländepunkte (1) und (2) mit den Höhen $h_1 = 63{,}3$ und $h_2 = 68{,}5$ betrachtet, die im Lageplan im Papier-

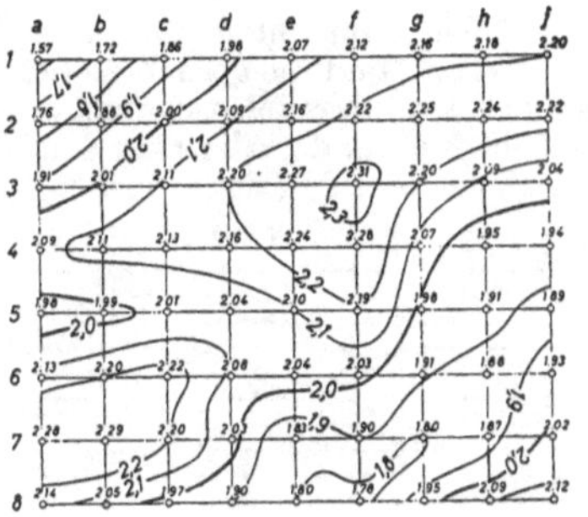

Bild 74.2 Quadratrost

maßstab 28,3 mm voneinander entfernt liegen. Verlangt sind die Schnitte der geraden Verbindungslinie (1) (2) mit den Höhenlinien 64,0, 65,0 . . . 68,0, wobei davon ausgegangen werden kann, daß die Gerade (1) (2) dem Gelände angehört.

Für das rechnerische Verfahren sei in dem in Bild 74.3 dargestellten Vertikalschnitt durch das Gelände unter s_4 die Papierentfernung von (1) bis zum Schnitt mit der Höhenlinie 64,0 unter s_5 von (1) bis 65,0 usw. verstanden; dann ergibt eine Rechenschieberberechnung in mm

$$s_4 = \frac{28{,}3}{5{,}2}\,0{,}7;\quad s_5 = \frac{28{,}3}{5{,}2}\,1{,}7;\quad s_6 = \frac{28{,}3}{5{,}2}\,2{,}7 \text{ usw.}$$

oder $\quad s_4 = 3{,}8;\quad s_5 = 9{,}2;\quad s_6 = 14{,}7;\quad s_7 = 20{,}1;\quad s_8 = 25{,}6$ mm.

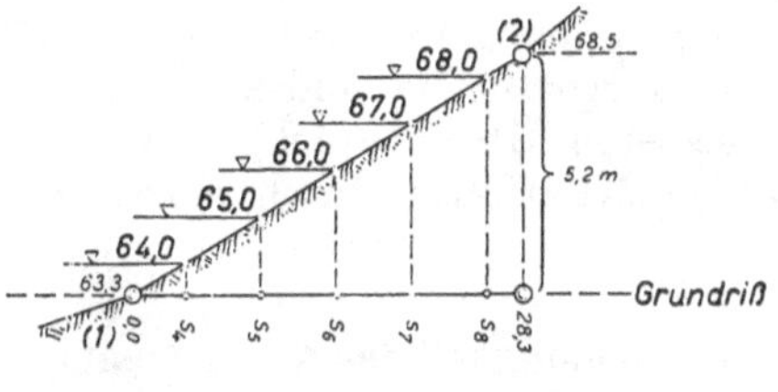

Bild 74.3 Interpolieren von Höhenlinien

Bei der zeichnerischen Lösung (Bild 74.4) legt man ein Blatt transparenten Millimeterpapiers oder die in 43.3 beschriebene Harfe, deren Parallelen man mit den Zahlen 0 bis 20 beziffert hat, so auf den Lageplan, daß in dieser Parallellenschar dem Punkt (1) die Höhe 3,3 und dem Punkt (2) die Höhe 8,5 zukommt. Dann schiebt man ein Lineal in die Verbindungslinie (1) (2) und sticht die Schnittpunkte der Linealkante mit der 5. bis 9. Parallelen (von unten) mit einer Nadel oder Zirkelspitze durch. Die Nadelstiche sind die gesuchten Schnittpunkte. Zweckmäßig beschafft man sich zwei Parallelenscharen, eine engere für steiles, und eine weitere für flaches Gelände, oder man versieht ein und dieselbe Parallelenschar mit verschiedenen Bezifferungen.

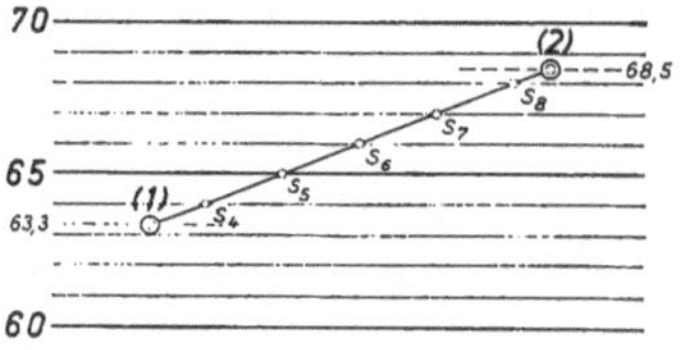

Bild 74.4 Graphisches Interpolieren

Beim Entwerfen der Höhenlinien werden sich nicht selten Zweifel über den besten Verlauf der Höhenlinien ergeben. Deshalb fertigt man zweckmäßig während der Feldarbeit einen Feldhandriß (Band III, 42), in dem man den mutmaßlichen Verlauf der Höhenlinien (Formlinien) andeutet; man vermerkt sodann an wichtigen Stellen die Richtung des stärksten Gefälles und gibt schließlich an, auf welchen Linien interpoliert werden darf. Nur bei gleichzeitiger Berücksichtigung aller Daten und sachkundigem, der Aufnahmegenauigkeit Rechnung tragendem Ausgleich kleiner Widersprüche wird man ein richtiges Höhenbild gewinnen.

Die Höhenlinien werden gewöhnlich in brauner Tusche (Sepia oder gebr. Siena) ausgezeichnet und in geeigneten Abständen beziffert. Zur besseren Übersichtlichkeit werden die Höhenlinien mit runden NN-Höhen durch stärkere Auszeichnung hervorgehoben.

75 Genauigkeit des Nivellements

75.1 Das Fehlergesetz des Nivellierens. Die durch das Nivellement erhaltenen Höhenunterschiede werden durch systematische und durch zufällige Fehler verfälscht. Es gelingt jedoch durch die in 72.4 genannten Maßnahmen, die systematischen Fehler weitgehend auszumerzen, so daß in der Hauptsache nur die zufälligen Fehler in Erscheinung treten. Da der

Gesamthöhenunterschied beim Nivellieren die Summe zahlreicher Einzelhöhenunterschiede ist, wächst der mittl. Fehler gem. 14 (11) mit der Wurzel aus der Anzahl der Aufstellungen. Ist L die Länge einer Nivellierungslinie und z die durchschnittliche Zielweite, so sind $L/2z$ Aufstellungen erforderlich. Also ist, wenn m der mittl. Fehler einer Höhenunterschiedsbestimmung ist, der mittl. Fehler von L

$$m_L = m\sqrt{L/2z}\,. \tag{1}$$

In der Regel legt man jedoch nicht den mittl. Fehler einer Höhenunterschiedsbestimmung, sondern den mittl. Fehler einer Strecke von 1 km zugrunde. Dann ist der mittl. Fehler einer Nivellementslinie L, die n Kilometer lang ist,

$$m_L = m_{1\,\text{km}}\sqrt{n}\,. \tag{2}$$

75.2 Die Berechnung des mittleren Kilometerfehlers. Ein mittl. Kilometerfehler läßt sich je nach Art der getätigten Beobachtungen aus den Differenzen zwischen Hin- und Rückweg, aus den Widersprüchen beim Abschluß an Festpunkten und aus Schleifenschlüssen berechnen. In den dafür bestimmten Formeln versteht man unter R die „Strecke" zwischen zwei benachbarten Höhenfestpunkten; eine „Linie" L ist die Summe der Strecken zwischen zwei Knotenpunkten, d. h. Punkten, an denen mehrere Linien zusammenlaufen; eine „Schleife" führt über mehrere Fest- oder Knotenpunkte wieder auf den Ausgangspunkt zurück.

Zur Berechnung der mittl. Kilometerfehler lassen sich aus den in 14 angegebenen Grundlagen die nachstehenden speziellen Formeln entwickeln:

a) *Mittlerer Kilometerfehler aus den Differenzen d_i zwischen Hin- und Rückweg.* Es mögen n Strecken $R_1, R_2 \ldots R_n$ im Hin- und Rückgang beobachtet sein; dann ist nach 14 (29) wegen $1/p_i = R_i$ *der mittl. km-Fehler einer einfach gemessenen Strecke*

$$m_{1\,\text{km}} = \pm\sqrt{\frac{1}{2n}\left[\frac{dd}{R_{\text{km}}}\right]}\,, \tag{3}$$

der mittl. km-Fehler einer aus Hin- und Rückgang gemittelten Strecke

$$M_{1\,\mathrm{km}} = \pm \frac{m_{1\,\mathrm{km}}}{\sqrt{2}}. \tag{4}$$

Bei Linien treten die L an die Stelle der R.

b) *Mittlerer Kilometerfehler aus den Widersprüchen w_i beim Anschluß an zwei Festpunkte oder bei geschlossenen Nivellementsschleifen.* Es sei ein Linienzug zwischen zwei Anschlußpunkten oder eine geschlossene Schleife von der Länge $[L]$ beobachtet und dabei der Abschlußwiderspruch w aufgetreten. Dann ist nach 14 (26) wegen $[1/p] = [L]$ der *mittl. km-Fehler berechnet aus einem Widerspruch*

$$m_{1\,\mathrm{km}} = \pm \frac{w}{\sqrt{[L_{\mathrm{km}}]}}. \tag{5}$$

Ein aus nur einem Widerspruch berechneter mittl. Fehler hat keinen großen Wert; ein zuverlässigeres Maß ist der *mittl. km-Fehler berechnet aus n Widersprüchen*

$$m_{1\,\mathrm{km}} = \pm \sqrt{\frac{1}{n}\left[\frac{ww}{[L_{\mathrm{km}}]}\right]}. \tag{6}$$

In beiden Fällen wird, wenn nur in einer Richtung gemessen ist, der mittl. Fehler für 1 km Einzelmessung erhalten; ist aber mit dem Mittel aus Doppelmessungen in die Formeln eingegangen, so bezieht sich auch der mittl. Kilometerfehler auf eine aus Hin- und Rückgang gemittelte Strecke.

c) *Mittlerer Fehler berechnet aus Hin- und Rückweg und aus Schleifenschlüssen.* Sind mehrere Schleifen der im Bild 75.1 angedeuteten Art im Hin- und Rückweg beobachtet, so wird der mittl. Fehler für 1 km Doppelnivellement sowohl aus Hin- und Rückweg gem. (4), wie aus den Schleifenwidersprüchen gem. (6) berechnet. Erhält man dabei aus der Mehrzahl der Schleifenschlüsse einen größeren Kilometerfehler als aus Hin- und Rückweg, so ist anzunehmen, daß die systematischen Fehler nicht hinreichend ausgeschaltet sind. Dann muß eine Überprüfung des Meßverfahrens an Hand der in 72.4 genannten Kriterien vorgenommen werden.

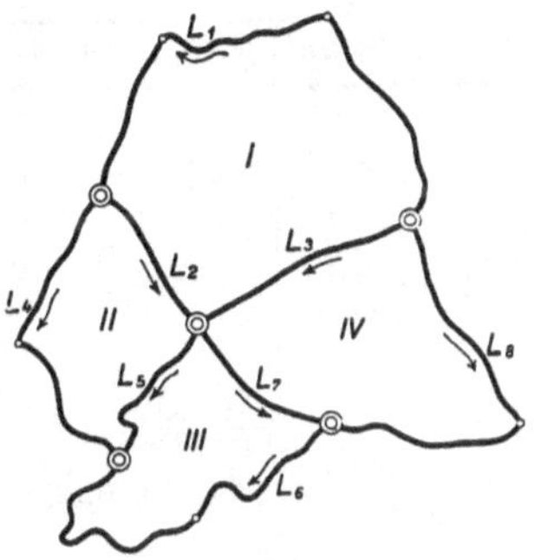

Bild 75.1

Zahlenbeispiele:

Zu a) In dem in Bild 75.1 dargestellten Netzteil, der dem Teil III der „Nivellements hoher Genauigkeit" der Preußischen Landesaufnahme entnommen ist, ergaben sich für die Linien L_1, L_2 zwischen Hin- und Rücknivellement die nachfolgenden Differenzen:

Linie	L in km	d in mm	dd/L
L_1	108,2	—2,4	0,05
L_2	30,4	+1,0	0,03
L_3	41,1	—8,1	1,60
L_4	61,3	+13,5	2,97
L_5	30,5	—4,8	0,75
L_6	73,5	+8,7	1,03
L_7	35,0	—4,5	0,58
L_8	83,1	—0,3	0,00
			7,01

Daraus erhält man gem. (3) und (4) folgende mittl. Fehler

$$m_{1\,\text{km}} = \pm \sqrt{\frac{1}{2 \cdot 8}\, 7{,}01} = \pm\, 0{,}66 \text{ mm}$$

$$M_{1\,\text{km}} = \pm \frac{0{,}66}{\sqrt{2}} = \pm\, 0{,}47 \text{ mm}\,.$$

Zu b) In demselben Netzteil traten, als die doppelt nivellierten Linien zu Schleifen zusammengestellt wurden, die nachfolgenden Widersprüche auf:

Schleife	[L] in km	w in mm	ww/[L]
I	179,7	—0,31	0,00
II	122,3	—9,00	0,66
III	139,2	+5,25	0,20
IV	159,6	+6,73	0,28
			1,14

Daraus ergab sich gem. (6)

$$M_{1\,\mathrm{km}} = \pm \sqrt{\frac{1}{4}\,1{,}14} = \pm\,0{,}53\ \mathrm{mm}\,.$$

Zu c) Der für $M_{1\,\mathrm{km}}$ nach (6) erhaltene Wert liegt nur ganz wenig über dem Ergebnis der auf (4) gestützten Rechnung. Systematische Fehler dürften daher bei der Beobachtung nicht aufgetreten sein.

75.3 Die Fehlergrenzen für Festpunktnivellements. Für die Messungen im Nivellementsfestpunktfeld (NivP-Feld) [71] sind in den in 71.1 genannten Richtlinien Fehlergrenzen festgesetzt, die gem. 14.9 etwa das Dreifache des zu erwartenden mittl. Fehlers betragen. Sie lauten im Auszug:

Bei den Nivellements im NivP-Feld dürfen folgende Fehlergrenzen nicht überschritten werden:

a) Widerspruch d_1 des Hin- und Rücknivellements zwischen zwei aufeinanderfolgenden NivP:

$$\begin{aligned} &\text{Im Netz 1. Ordnung: } d_1 = \pm\,2\sqrt{R}\ \mathrm{mm}\\ &\text{im Netz 2. Ordnung: } d_1 = \pm\,3\sqrt{R}\ \mathrm{mm}\\ &\text{im Netz 3. Ordnung: } d_1 = \pm\,5\sqrt{R}\ \mathrm{mm}\,. \end{aligned} \tag{7}$$

b) Widerspruch d_2 aus neuer Messung und dem früher bestimmten (veröffentlichten) Höhenunterschied zweier NivP:

$$\begin{aligned} &\text{Im Netz 1. Ordnung: } d_2 = \pm\,(2 + 2\sqrt{R})\ \mathrm{mm}\\ &\text{im Netz 2. Ordnung: } d_2 = \pm\,(2 + 3\sqrt{R})\ \mathrm{mm}\\ &\text{im Netz 3. Ordnung: } d_2 = \pm\,(2 + 5\sqrt{R})\ \mathrm{mm}\\ &\text{im Netz 4. Ordnung: } d_2 = \pm\,(2 + 6\sqrt{R})\ \mathrm{mm} \end{aligned} \tag{8}$$

Hierin ist R die Länge der Niv-Strecke (einfacher Meßweg) in Kilometern.

Bei technischen Nivellements hängt die Genauigkeit, mit der nivelliert werden muß, von der Genauigkeit ab, die für den jeweiligen Zweck gefordert wird. Fehlergrenzen haben daher für Nivellements, die die Grundlage für technische Anlagen bilden, keinen rechten Sinn. Der Ingenieur muß in der Lage sein, ein den Genauigkeitsanforderungen entsprechendes Nivellierverfahren zu wählen und durch Berechnung des mittl. Fehlers zu prüfen, ob die erstrebte Genauigkeit erreicht ist.

75.4 Die Genauigkeit von Flächennivellements. Bei Flächennivellements haben die in 74.1 bis 74.3 entwickelten Fehlergesetze insoweit Geltung, als es sich um die Übertragung der Höhe von einem Standpunkt zum anderen handelt. Für die Geländeaufnahme selbst hängt die Genauigkeit von der Geländegestaltung und von der Aufnahmedichte ab, für die allgemeine Regeln nicht aufgestellt werden können. Man sorge aber dafür, daß bei der Bestimmung der Aufnahmestandpunkte die Gesetze der Fehlerfortpflanzung beachtet werden. Bei der Erfassung der Geländepunkte selbst braucht man sich lediglich gegen grobe Fehler zu sichern.

Neuere Lehr- und Handbücher (Auswahl)

1. *Ackerl, F.:* Geodäsie und Photogrammetrie. Verlag G. Fromme & Co., Wien-München. 1. Teil 1950; 2. Teil 1956.
2. *Deumlich, F.:* Instrumentenkunde der Vermessungstechnik. VEB Verlag für Bauwesen. 4. Aufl. 1967.
3. *Großmann, W.:* Grundzüge der Ausgleichungsrechnung. Springer-Verlag, Berlin. 3. Aufl. 1968.
4. *Harbert, E.:* Vermessungskunde. Verlag H. Wichmann, Liebenwerda-Berlin. Band I, 4. Aufl. 1948. Band II, 2. Aufl. 1948.
5. *Heißler, V.* und *Hake, G.:* Kartographie I. Sammlung Göschen. 4. Aufl. 1970.
6. *Jordan-Eggert-Kneißl:* Handbuch der Vermessungskunde. Metzlersche Verlagsbuchhandlung. Stuttgart. Zweiter Band „Feld- und Landmessung". 10. Aufl. 1963; Dritter Band „Höhenmessung und Tachymetrie". 10. Aufl. 1956.
7. *Näbauer, M.:* Vermessungskunde. Springer-Verlag, Berlin-Göttingen-Heidelberg. 3. Aufl. 1959.
8. *Seibert, H.:* Vermessungstechnische Instrumentenkunde. Werner Verlag, Düsseldorf 1964.
9. *Volquardts, H.* und *Matthews, K.:* Vermessungskunde. B. G. Teubner, Stuttgart. Teil 1, 22. Aufl. 1967; Teil 2, 11. Aufl. 1967.
10. *Zill, W.:* Vermessungskunde für Bauingenieure. 5. Auflage, Leipzig. 1968.

Sachverzeichnis

Vermessungskunde

Von W. GROSSMANN

Band II: Horizontalaufnahmen und ebene Rechnungen.
11., erweiterte Auflage. 175 Seiten. 109 Figuren. 1971. Band 4469. DM 7,80

Band III: Trigonometrische und barometrische Höhenmessung. Tachymetrie und Absteckungen.
9., verbesserte Auflage. 145 Seiten. 101 Figuren. 1969. Band 862. DM 4,80

Kartographie

Von V. HEISSLER, bearb. von G. HAKE

Band I: Kartenaufnahme, Netzentwürfe, Gestaltungsmerkmale, topographische Karten von G. HEISSLER.
4. Auflage bearbeitet von G. HAKE. 233 Seiten. 117 Abb. und 8 Anlagen. 1970. Band 30/30a/30b. DM 9,80

Band II: Thematische Karten, Atlanten, kartenverwandte Darstellungen, Kartentechnik, Kartenauswertung von G. HAKE.
202 Seiten. 84 Abb., 11 Anl. 1970. Band 1245/1245a/1245b. DM 9,80

Photogrammetrie

Von G. LEHMANN

3., neubearbeitete Auflage. 220 Seiten. 141 Abb. 1969. Band 1188/1188a. DM 7,80

Kolibri 360 GmbH
Ferdinand-Jühlke-Straße 7
99095 Erfurt, Deutschland
produktsicherheit@kolibri360.de